Dette et extractivisme

Nicolas Sersiron

Dette et extractivisme

La résistible ascension d'un duo destructeur

Les Éditions Utopia

Collection Ruptures

Ouvrage publié en partenariat avec le CADTM

Les Éditions Utopia
61, bd Mortier 75020 PARIS
contact@editions-utopia.org
www.editions-utopia.org
www.mouvementutopia.org

Diffusion : CED
Distribution : Daudin

À Noémie et Lily, enfants du siècle

Cet essai a été fortement amélioré par les suggestions, aides et critiques amicales de Sylvie Beltrami et Jean Paul Couillaud, Nicole Chapelier, Robin Delobel, Renaud Duterme, Pauline Imbach, Cécile Lamarque, Étienne Lecomte, Max et Madeleine, Damien Millet, Myriam Michel et Claude Quémar. Il n'aurait pu exister sans les livres et analyses d'Éric Toussaint, Damien Millet, des autres militants des Comités pour l'annulation de la dette du tiers monde ainsi que de tous les auteurs cités et d'autres encore.

Illustration Anne Maurange.

« L'idée de propriété privée, qui semble si naturelle aux bourgeois, a été lente à se glisser dans la tête humaine. Quand les hommes ont commencé à réfléchir, ils ont, au contraire, pensé que tout devait être à tous. Les Indiens, dit Heckewelder, croient que le Grand Esprit a créé le monde et tout ce qu'il contient pour le bien commun des hommes : quand il peupla la terre et remplit de gibier les bois, ce n'était pas pour l'avantage de quelques-uns, mais de tous. Toute chose est donnée en commun à tous les enfants des hommes. Tout ce qui respire sur terre et pousse dans les champs ; tout ce qui vit dans les rivières et dans les eaux est conjointement à tous, et chacun a droit à sa part. L'hospitalité n'est pas chez eux une vertu, mais un devoir impérieux. Ils se coucheraient sans manger plutôt que d'être accusés d'avoir négligé leurs devoirs en ne satisfaisant pas les besoins de l'étranger, du malade ou du nécessiteux, parce qu'ils ont un droit commun d'être secourus aux dépens du fonds commun ; parce que le gibier dont on les a nourris, s'il a été pris dans la forêt, était la propriété de tous, avant que le chasseur ne l'eût capturé ; parce que les légumes et le maïs qu'on lui a offerts ont poussé sur la terre commune, non par la puissance de l'homme, mais par celle du Grand Esprit. »

Paul Lafargue[1]

1. Paul Lafargue, *La propriété : origine et évolution*, 1895, chapitre 2, « Communisme primitif ».

Méline, la sage-femme, balaie rapidement les milliers de crottes de chauve-souris qui tapissent la table d'accouchement. La jeune mère s'installe et dénoue son lamba sans manière. Elle a marché plus de quatre heures pour venir au centre de santé de Befotaka, au nord de Madagascar. La naissance de son bébé était trop risquée dans son village de brousse avec la matrone pour seule aide. Elle accepte que je photographie son accouchement. Après quelques heures d'effort les mains expertes de Méline, paysanne aux pieds nus, ont fait merveille, la petite Violette naît en bonne santé. La sage-femme peut enfin couper le cordon ombilical avec la vielle paire de ciseaux rouillés du centre de santé. Honoré, le médecin, m'expliquera plus tard le drame des enfants qui naissent avec les os brisés ! Des femmes enceintes arrivent en urgence la nuit après des marches de plusieurs heures. Elles sont aussitôt renvoyées par l'infirmier à la boutique de la ville, distante de quelques centaines de mètres, pour y acheter une bougie et une compresse. Alors, parfois, le bébé naît au cours de cette ultime marche et se fracture les os en tombant du ventre de sa mère dans la poussière du chemin ! Ce témoignage a dix ans. En 2014, la vie est toujours aussi injuste pour quelques milliards de nos frères et sœurs humains qui vivent avec moins de deux euros par jour.

Sommaire

Préface

Nicolas Sersiron compte au rang des passeurs d'idées entre les Suds et le Nord occidental mais aussi entre des réseaux qui, à partir de points de vue différents, agissent pour un monde plus libre, plus égalitaire et plus fraternel. Ces réseaux sont souvent aveugles les uns aux autres et l'un des grands mérites de ce livre est justement de croiser les problématiques écologiques, sociales, économiques, politiques et même anthropologiques. Ce n'est qu'à cette condition que l'on peut espérer devenir chaque jour davantage un peu plus voyant tant la force du système consiste à séparer ce qui n'a de sens qu'unifié. Il fallait, pour réussir ce pari, que les idées développées dans ce livre émanent non seulement d'une longue réflexion personnelle de Nicolas Sersiron mais qu'elles résultent aussi de son engagement au sein du Comité pour l'Annulation de la Dette du Tiers-monde (CADTM) qui combat depuis 1990 l'ignominie du système-dette. C'est donc avec joie que j'ai accepté d'écrire cette préface, puisque dès mon engagement à la même époque au sein du CETIM (Centre Europe-Tiers-Monde), ONG tiermondiste dont la devise est « Il n'y a pas un monde développé et un monde sous développé mais un seul monde mal développé », j'ai pu constater à quel point nos cheminements étaient voisins sinon convergents. C'est donc avec gourmandise que nous avons sollicité Nicolas Sersiron pour signer plusieurs papiers dans feu *Le Sarkophage* puis désormais dans le nouveau mensuel les *Z'indigné(e)s*, c'est aussi avec plaisir que nous l'avons convié à participer au Forum mondial de la pauvreté co-organisé en juillet 2012 avec le Village Emmaüs de Lescar-Pau, puis au Deuxième Forum national de la désobéissance organisé avec la ville de Grigny. Nous sommes donc nombreux à avoir pu apprécier non seulement la gentillesse et la générosité de Nicolas mais aussi sa grande capacité à entendre les suggestions, à faire vivre sa pensée au gré des rencontres et des débats. À la lecture de ce livre, je suis convaincu que nous avons eu raison, depuis des années, de croiser les réflexions qui émanent des militant-e-s du CADTM et celles des Objecteurs de croissance amoureux du Bien vivre. Les lecteurs de Nicolas Sersiron seront à même de juger de l'intérêt intellectuel mais aussi politique des passerelles que nous avons établies entre les différentes formes de la dette, dette financière, dette écologique, dette historique liée à l'esclavage et au (néo)colonialisme, comme autant de symptômes d'un système-dette qui assure la domination des uns sur les autres et de tous sur la planète. J'ai envie de dire que la première chose qui m'a séduit à la lecture du tapuscrit de Nicolas Sersiron, c'est son refus têtu de hiérarchiser tous ces combats (ce qui aboutirait inévitablement à les opposer les uns aux autres) mais aussi son désir de trouver ce qui fait lien entre eux. La deuxième chose qui m'a comblé chez Nicolas Sersiron c'est son écriture, totalement exempte de cette tonalité apocalyptique qui fait tant de tort au combat écologiste. Nicolas sait comme nous tous que nous allons dans le mur, mais il ne se complaît jamais à anticiper le pire. Cette posture est tout autant intellectuelle que sensitive, elle est aussi politique car Nicolas appartient à cette petite cohorte qui sait qu'on ne réussit rien sans espérance. Cette foi n'est d'ailleurs pas celle du charbonnier mais celle du voyant, celle de celui qui sait regarder et comprendre les mille et une alternatives qui s'inventent. Nicolas ne se force pas à être malgré tout optimiste. Il constate un « déjà là » qu'il nous suffirait d'étendre. Je fais donc le pari avec Nicolas Sersiron que les principaux concepts pour penser la transition vers un monde de justice sociale et écologique appartiennent notamment aux peuples que l'on regarde habituellement de haut, ceux que l'on traite toujours avec mépris ou condescendance, parce qu'ils seraient, nous dit-on, « en retard », « sous-développés », « en développement », « émergents », etc. Le vocabulaire change certes au fil des décennies mais le même aveuglement demeure. Je fais donc le pari avec Nicolas Sersiron que ces peuples-là ont beaucoup à nous apporter, non pas parce que la misère nourrirait mieux l'intelligence que l'abondance de biens matériels, mais parce que ces peuples possèdent toujours le mode d'emploi d'autres façons de vivre, d'autres manières de penser, de rêver, d'exister, parce qu'ils partagent encore des formes de cultures populaires, rurales ou urbaines, qui, au moins partiellement, restent pré ou post capitalistes, pré ou post-pétrolières. Ce n'est donc que si nous acceptons de décentrer notre regard, comme nous y invite Nicolas Sersiron, que nous prendrons conscience de la colonisation de notre imaginaire par les puissances ténébreuses de l'argent. Nous acceptons trop comme allant de soi la définition de la « vie bonne » (eudémonia) qu'imposent les riches. Nous acceptons trop comme allant de soi de définir les gens ordinaires uniquement en termes de manque : en économie, le manque de pouvoir d'achat ; en éducation, le manque de culture ; en politique, le manque de participation. Nous acceptons trop de parler de pays pauvres ou d'individus pauvres, alors que nous devrions toujours parler de pays ou d'individus appauvris tant l'appauvrissement du plus grand nombre n'est que la conséquence de l'enrichissement de quelques-uns, contrairement à ce que voudrait nous faire croire la fable économique, aujourd'hui dominante, du ruissellement ! Non, enrichir le sommet de la pyramide sociale ne permettra jamais de nourrir physiquement les pauvres ni de donner un sens à leur existence. Nous savons désormais que ce modèle de développement conduit droit dans le mur mais ce constat ne nous donne nullement les clefs pour ouvrir des chemins de transition. Nicolas Sersiron nous prend ici par la main pour nous conduire d'abord à la redécouverte des méfaits du système capitaliste, productiviste, développementaliste. Ce voyage au cœur de

« tout ce qui ne va pas » n'est cependant pas le prétexte à reproduire une énième fois le même réquisitoire implacable contre l'ignominie du système-dette, mais l'occasion de le reprendre à nouveaux frais. Face à ceux dont la critique de la crise systémique se borne à dénoncer *l'hybris* (sans même se souvenir que l'humanité n'a jamais inventé depuis la Grèce antique que deux façons d'échapper aux méfaits de la démesure, la soumission aux ordres ou un surcroît de démocratie), Nicolas Sersiron choisit, lui, de porter le fer au cœur même des mécanismes fondamentaux de la destruction. Sa grande intuition c'est que la notion d'extractivisme, prise dans son sens large, permet d'expliquer à la fois la croissance des inégalités et la destruction de la planète. Ce chemin est certes plus ardu que celui fréquenté par les éternels donneurs de leçons dont les récriminations contre la civilisation « matérialiste », dans laquelle se vautrerait le petit peuple, ne sont qu'une façon de répéter la même haine de ce qu'ils nomment depuis toujours la « décadence ». Merci donc à Nicolas Sersiron d'avoir frayé d'autres pistes même si certaines sont encore en chantier. Emporté « tout naturellement » par la fécondité même des rapprochements qu'il opère par-delà les siècles et les secteurs d'activité, il pousse, pas à pas, sa dénonciation des diverses formes de l'extractivisme, jusqu'au moment où la possibilité d'un espoir renaît à travers les multiples figures d'un anti-extractivisme. J'ai envie de dire que de la même façon que nous devons nous mettre à l'écoute de tous ces nouveaux gros mots qui émergent pour dire les nouveaux chemins de l'émancipation, avec le « Buen vivir » sud-américain, le « plus vivre » de la philosophie négro-africaine de l'existence et la « vie pleine » en Inde, nous devons aussi être sensibles aux divers visages de l'anti-extractivisme. Du refus africain des mégaprojets « occidentaux » (qualifiés dès la décolonisation d'« éléphants blancs ») aux luttes sud-américaines contre les monocultures industrielles et agricoles, sans oublier les mobilisations contre les gaspillages de l'industrie sportive au Brésil et ailleurs, en passant par la condamnation en Europe des « Grands Projets Inutiles Imposés », partout un nouveau langage commun émerge pour dire que nous nous opposons à l'extractivisme au nom d'un autre projet, que nous combattons la barbarie au nom de l'éco-socialisme (c'est ainsi que personnellement je choisis de qualifier ce projet, d'autres dénominations sont tout aussi plausibles).

Le lecteur fera lui-même son marché (nécessairement bio) entre les diverses solutions que propose Nicolas : autonomie alimentaire, relocalisation, ralentissement, Dotation inconditionnelle d'autonomie, etc. Le livre de Nicolas Sersiron se lit comme une révélation car ce dont nous manquons aujourd'hui ce n'est pas tant d'informations que d'intelligence collective, c'est-à-dire de cette capacité à donner du sens à l'histoire globale. Ce livre est donc une pierre de taille dans l'édifice à construire pour concilier justice sociale, écologique et politique planétaire.

Paul Ariès
Politologue. Directeur de la rédaction
du mensuel *Les Z'indigné(e)s*.

Introduction

> « La dette est, selon David Graeber, l'un des nœuds des rapports de pouvoir et de classes contemporains – de cette lutte qui oppose les 99 % aux autres, ces 1 %, "dont il est clair qu'il s'agit des créditeurs", explique-t-il, ceux-là qui sont en mesure de transformer leur richesse en influence politique, puis, en retour, de faire de leur influence politique la source de leur richesse[1]. »

L'analyse du système-dette, de l'extractivisme et de leur interdépendance nous semble essentielle pour comprendre le fonctionnement de la « Mégamachine[2] ». L'extractivisme est une course au trésor dans laquelle les plus forts ne reculent devant aucune violence pour s'accaparer les communs que sont les ressources naturelles de la planète. Il y a quelques siècles, quand il n'y avait que la force humaine pour creuser des puits de mines, se saisir de l'or ou faire pousser le coton, la canne à sucre ou le tabac, les armateurs et les colons utilisaient des esclaves soumis par le fouet et les armes à feu. En 2013, ce sont des « esclaves énergétiques » pétrolivores qui sont utilisés pour extraire des métaux, du pétrole ou du charbon, tandis que d'autres transforment les forêts en déserts verts de soja ou de palmiers à huile. Alors que les armées coloniales d'occupation ont disparu depuis plus de cinquante ans, sauf exception (Palestine, Tibet...), la dépossession des ressources au profit des plus puissants s'est pourtant amplifiée. La dette

1. http://cqfd-journal.org/You-re-not-a-loan
(NDLE : l'ensemble des liens internet de cet ouvrage ont été vérifiés le 28/08/14).

2. Titre d'un livre de Serge Latouche, la Mégamachine désigne l'emprise de la rationalité technoscientifique et économique planétaire (Serge Latouche, *La Mégamachine*, 1994, La Découverte).

illégitime n'est-elle pas la nouvelle violence qui a permis d'imposer l'asservissement néocolonial actuel ?

Le pillage des ressources minières, fossiles et agricoles est à l'origine du capitalisme, de la richesse de l'Europe et de son oligarchie, ce que Fernand Braudel nomme « l'économie-monde » : un centre dominant et des périphéries asservies. Notre idée est d'observer si la notion d'extractivisme, prise dans un sens large, recouvrant le pillage des ressources naturelles, humaines et financières, permet d'expliquer aussi bien la croissance des inégalités sociales que la destruction de l'environnement. Depuis plusieurs siècles, l'extractivisme a presque toujours été une violente dépossession des « communs ». Pourquoi l'or, le pétrole, la terre et bien d'autres ressources naturelles seraient-ils la propriété de quelques actionnaires ? La nature n'est-elle pas notre bien le plus précieux, aujourd'hui comme demain ? Cette appropriation-dépossession n'est-elle pas une rupture avec le donner-recevoir-rendre, coutume fondatrice des sociétés humaines, mise en exergue par Marcel Mauss ? Le pilleur ne la respecte pas. Il ne reçoit pas, il prend par la force ou/et la corruption. En ne donnant pas et en ne rendant jamais, il provoque inégalités et pauvreté, tout en détruisant les lois sociales ancestrales fondées sur l'échange et le partage.

Imaginez que des individus bien organisés réussissent à voler l'argent de tous les distributeurs de billets de banque de la terre le vendredi, la veille du week-end. Acceptons ensuite l'idée qu'il aura fallu un siècle aux extractivistes pour épuiser pétrole et métaux ayant nécessité 500 millions d'années pour se créer. À l'échelle du temps géologique, les deux jours du week-end après lesquels il sera possible de retrouver quelques billets dans les distributeurs dureront 273 siècles. Sans doute la terre aura-t-elle pu se refroidir, les grandes forêts repousser et les poissons repeupler les océans si quelques humains ont survécu à ce gigantesque hold-up pour le voir. Mais il aura manqué à la nature quelques millions de siècles pour accumuler l'énergie du soleil par les végétaux et reconstituer les énergies fossiles. Les pays nantis ne sont-ils pas les détrousseurs de la Terre ? Il est donc indispensable de comprendre qui prend à qui, comment, et surtout, pourquoi.

En dépassant la capacité des écosystèmes à se renouveler, ou en épuisant les ressources non renouvelables, les entreprises extractivistes ne sont pas dans l'échange avec la nature, ou la pacha mama, la terre mère des Indiens d'Amérique du sud. En plus de violer l'humanité entière à qui elles prennent sans jamais rendre, elles violent aussi les droits de la nature. Les eaux douces sont de plus en plus polluées, les ressources fossiles et minérales atteignent leur pic de production, les nappes phréatiques s'assèchent, les glaciers fondent, les forêts disparaissent, le climat se dégrade, les températures montent, les réserves halieutiques s'épuisent, la biodiversité animale et végétale est en chute libre, les océans s'acidifient. Alors pourquoi les extractivistes accélèrent-ils encore le rythme de leurs prédations ? Veulent-ils en finir avec les derniers gisements d'énergie fossile pour être les maîtres du bouquet final, climatique et social ? Sinon que cherchent-ils ? Le profit, leur drogue ! Sans se soucier d'autre chose. Quand un pays est bien doté géologiquement, comme la République Démocratique du Congo, la RDC, aujourd'hui si pauvre et meurtrie, on parle de « malédiction des richesses naturelles ». Comment est-ce possible ?

Quant au système dette, il est pour nous inséparable de l'extractivisme. Comprendre comment la dette financière illégitime est le premier levier du pillage ainsi qu'une forme en elle-même de pillage nous semble essentiel. Quant à la dette écologique, si elle n'est jamais compensée ni réparée, n'est-elle pas justement la conséquence cachée de l'extractivisme, élément essentiel du pouvoir et de l'enrichissement de l'oligarchie régnante ?

La dette illégitime a été imposée aux nouveaux décideurs, après les indépendances des pays colonisés par les

Européens, pour remplacer la contrainte exercée par les armées d'occupation. Dissimulée au regard des peuples occidentaux, elle est pourtant d'une violence extrême. Son but n'a-t-il pas été d'assurer la continuité des pillages indispensables au déploiement de la société de consommation pour les seuls occidentaux, et surtout pour les profits de quelques-uns ? Les politiques d'austérité et de régression sociale en Europe ou aux États-Unis, comme celles appliquées dans les PED, ne sont-elles pas justifiées par le remboursement de dettes publiques très discutables ? L'illégitimité n'est-elle pas fondée sur le fait que la population n'a ni emprunté, ni consenti formellement et encore moins profité des emprunts faits par les États après la crise ? Alors, doit-elle les rembourser et en payer les intérêts ? Les dizaines de milliers de milliards de dollars de dettes issues du crash bancaire de 2008, ou les effets de la récession qui a suivi, peuvent-ils être mis à la charge des citoyens ? L'illégitimité n'est-elle pas fondée sur l'absence d'échange inscrit dans la coutume ancestrale du donner-recevoir-rendre, principe qui impose aussi bien sur le plan social que moral de rendre un jour ce que l'on a reçu ou emprunté ? Doit-on rendre ce que l'on n'a pas reçu ? « Celui qui ne doit rien, ne paie rien », « *don't owe, don't pay* » clament les altermondialistes.

Nous examinerons d'abord les nombreuses formes d'extractivisme : extractions fossiles et minières, biodiversité, environnement, agriculture, climat, travail. Ensuite nous regarderons l'origine des dettes réclamées aux pays dominés : l'extractivisme financier. Bien qu'elles soient souvent odieuses, illégitimes voire illégales, c'est pourtant au nom de leurs remboursements que le FMI (Fond Monétaire International), la BM (Banque Mondiale) et les pays de la Triade[1] ont imposé aux pays en développement, les PED, le libre-échange, la destruction des budgets de l'éducation, de la santé et un extractivisme brutal par exportation de

1. Japon, États-Unis, Europe.

leurs ressources naturelles. Le remboursement d'une dette publique illégitime menant à l'austérité n'est-il pas lui aussi infligé aux pays du Nord avec le même schéma ? Ne conduit-il pas à une véritable extraction par les détenteurs de capitaux d'une part toujours plus grande de la plus-value produite par les travailleurs ?

Cette fameuse dette écologique, que les décideurs refusent de reconnaître, a plusieurs formes résultant directement des pillages : la dette historique (esclavage, colonisation), la dette environnementale (pollutions, forêts brûlées, effondrement de la biodiversité), la dette climatique et la dette sociale (inégalités, faim, destruction des habitats). Et si la croissance de la dette écologique correspond à l'absence de réparation, pourquoi acceptons-nous qu'elle continue encore à augmenter de nos jours ? Comment peut-on l'évaluer et en quoi sa réparation-compensation est-elle un combat essentiel ?

Le productivisme agricole vu sous l'angle de l'extractivisme, avec ses conséquences sur la vie des humains comme sur les grandes questions environnementales, n'est-il pas un des plus grands pillages des ressources de la planète : terres agricoles, territoires de vie, forêts, eaux douces et biodiversité ? N'est-il pas aussi responsable de la disparition de la matière organique des sols, la MOS, et d'une grosse part du stock des gaz à effet de serre, les GES, et de la pollution : eaux, air, terres ?

La malbouffe au Nord et le développement des ALD, affections de longue durée, ne sont-ils pas les conséquences directes de la « révolution verte » : industrialisation de l'agriculture et de l'alimentation ? Ce modèle agricole, plutôt que de nourrir le monde, comme il le prétend, n'a-t-il pas au contraire cassé les systèmes de sécurité et d'autonomie alimentaires, provoquant faim et carence pour des milliards de personnes ? Le dernier rapport de la FAO (Food and Agriculture Organisation – Organisation des Nations Unies pour l'alimentation et l'agriculture), montre qu'au-delà des 840 millions d'humains souffrant de malnutrition aiguë, ce sont plus de deux milliards qui n'absorbent pas assez de nutriments pour mener une vie active.

L'audit citoyen et l'annulation des dettes illégitimes sont possibles, l'Équateur l'a prouvé en 2008. L'Islande a emprisonné ses banquiers voyous en 2013 et n'a pas mis à la charge de son peuple les pertes financières de ses banques privées. Les aides publiques au développement du Sud ne sont-elles pas un moyen pour maintenir les échanges inégaux entre les pays industrialisés et les PED ? Le contrôle des capitaux et les prélèvements variables aux frontières sur les importations de denrées alimentaires subventionnées ne seraient-ils pas, pour ces pays à faibles revenus, des moyens assez simples pour lutter contre la faim et la pauvreté ? Quelles formes pourraient prendre les réparations qui permettraient de stopper la croissance de la dette écologique au détriment des populations et de la nature ? Enfin, quelles alternatives individuelles, collectives ou/et politiques permettraient de construire une société post-extractiviste, post-consumériste, indispensable pour construire un avenir plus égalitaire et vivable pour toutes et tous ?

1. Les différentes formes d'extractivisme

> *« Il y a assez de ressources sur cette terre pour répondre aux besoins de tous*[1]*, mais il n'y en aura jamais assez pour satisfaire les désirs de possession de quelques-uns. »*
>
> *Gandhi*

Au « Sommet mondial sur le développement durable » de Johannesburg en 2002, il avait été dit : « chaque année, près de 100 tonnes de ressources non renouvelables, auxquelles s'ajoutent plus de 500 tonnes d'eau douce, sont consommées en moyenne par personne pour maintenir l'actuel style de vie des pays industrialisés, c'est-à-dire trente à cinquante fois plus que ce qui est disponible dans les pays les plus pauvres ». Une décennie plus tard, les classes moyennes des pays émergents accèdent à ce niveau de consommation. Alors que les habitants des pays occidentaux ne baissent pas leurs prélèvements sur les ressources naturelles, bien au contraire, la fin de certaines ressources ne peut que se rapprocher de plus en plus vite.

Le développement : pourquoi et pour qui ?

Si un enfant se développe jusqu'à atteindre l'âge adulte, les PED peuvent-ils eux aussi croître jusqu'à atteindre le niveau de vie matériel des pays

1. Le générique masculin est utilisé dans l'ensemble du texte sans aucune discrimination et uniquement dans le but d'alléger le texte.

développés ? Le rattrapage est-il possible ? Ce développement pour tous n'est-il pas un mythe voire un énorme mensonge destiné à masquer l'origine du développement des pays du Nord : le pillage des PED ? Le niveau de vie des populations n'était-il pas très proche au Nord et au Sud au moment des colonisations ? Aujourd'hui, si près de trois milliards d'humains survivent dans les PED avec quelques dollars, n'est-ce pas la conséquence d'un impérialisme armé datant de plusieurs siècles, prolongé aujourd'hui par le système dette et le libre-échange imposé au nom du développement ?

La logique du développement, dont la BM et le FMI font la promotion depuis des décennies, est extractiviste, capitaliste et contraire à l'amélioration de la vie des populations. Comme le dit l'historien burkinabé Ki-Zerbo « on ne développe pas, on se développe. »

Ce développement durable, ardemment soutenu depuis quelques années par les pays industrialisés, est-il possible ? Traduction : une croissance économique continue voire infinie est-elle réalisable alors qu'elle est basée sur le cycle extractivisme / productivisme / consumérisme / profits / déchets / pollutions ? Sur une planète finie, il faut « être un fou ou un économiste pour le croire ». Si les arbres se développent et grandissent, ils ne montent pourtant pas jusqu'au ciel.

Alors le « développement » est-il autre chose qu'une déclinaison du mot « conquête » pour masquer la croissance des plus forts au détriment des plus faibles et de la nature ? Pourquoi croissance du PIB (ne comptant que la production des marchandises et services) et compétitivité sont-ils omniprésents dans les médias et la bouche des politiciens, alors qu'ils entraînent inégalités sociales et désastres environnementaux croissants ?

Le PNUD (programme des Nations Unies pour le développement) a créé en 1990 l'indice de développement humain, l'IDH, s'appuyant sur le degré d'éducation, de santé et le niveau de vie. Il ne prend toutefois pas en compte la soutenabilité écologique ni le degré de liberté politique. Certains pays défendent d'autres concepts reposant sur le vivre ensemble et le respect de la nature, comme le bien-vivre (***Buen Vivir***), le bonheur national brut et d'autres encore. Ce développement est-il autre chose qu'un « avoir plus » ? Est-il compatible avec un mieux-être pour tous, en harmonie avec la nature ? Nous ne le pensons pas.

Ressources naturelles et écosystèmes

« Lorsque les Blancs sont venus en Afrique, nous avions les terres et ils avaient la Bible. Ils nous ont appris à prier les yeux fermés : lorsque nous les avons ouverts, les Blancs avaient la terre et nous la Bible[1]. »

Jomo Kenyatta

Les sols

■ Les ressources du sous-sol pillées et exportées

L'exemple historique le plus criant est l'exploitation des mines d'argent et d'or de Potosi, en Bolivie. Elle a débuté au XVIe siècle et se poursuit encore aujourd'hui. Les historiens s'accordent sur le fait que six millions de travailleurs indiens et africains y sont morts tandis que des dizaines de milliers de tonnes d'argent et d'or ont été extraites au profit des Espagnols jusqu'à l'indépendance de la Bolivie en 1825. Quand les travailleurs descendaient dans la mine, ils n'avaient pas le droit de ressortir avant six mois et y vivaient – quand ils ne mouraient pas – dans des conditions de misère inimaginable : faim, chaleur étouffante, manque d'oxygène, travail harassant. L'argent de Potosi a irrigué une partie de la planète pendant quelques siècles.

1. Leader politique puis président kényan (1893-1978).

« Dès le règne de Philippe II (1556-1598), l'économie espagnole devient une économie de rente marquée par une désindustrialisation rapide. Contrôlé par des négociants étrangers, le commerce extérieur nourrit le gigantesque gaspillage de l'aristocratie. Ainsi commençait le mal ibérique qui devait ronger le pays des siècles durant et lui faire prendre un retard considérable sur le reste de l'Europe. L'Espagne payait très cher l'argent de Potosi[1]. »

Plus que jamais, les mines d'Amérique du Sud attisent les convoitises étrangères et leurs mises en exploitation provoquent émeutes et résistances. Ainsi, dans la province de Catamarca en Argentine, une lutte dramatique se poursuit entre la population et la transnationale Glencore.

« Pour extraire du cuivre, de l'or et d'autres métaux rares qui font de ce gisement l'un des plus rentables de la planète, l'exploitant consomme 5 millions de litres d'eau par heure, puisés dans les nappes de la région, l'équivalent des besoins énergétiques d'une ville comme Marseille. Chargés d'arsenic, de strontium et de bore, les résidus d'extraction sont rejetés dans un canal d'irrigation 120 kilomètres plus loin. [...] En juin 2008, les autorités judiciaires du pays ont été saisies au pénal d'une plainte pour pollution contre Julian Rooney, vice-président de Xstrata, actionnaire principal du consortium UTE (*Union Transitoria de Empresas*). Une deuxième plainte a suivi en 2010, pour contrebande de minerais vers la Chine et évasion fiscale – évaluée à 8,26 milliards de dollars[2]. »

Glencore-Xstrata, basée à Zoug, super paradis fiscal en Suisse, est la quatrième entreprise mondiale pour les mines et la première pour le négoce des matières premières (chiffre d'affaires 240 milliards de dollars). La société KCC, une filiale extrayant le cuivre au Katanga

1. http://www.lesechos.fr/journal20120711/lec1_saga/0202139988317-potosi-l-argent-du-perou-inonde-le-monde-342774.php
2. http://www.lesechos.fr/19/07/2012/LesEchos/21230-039-ECH_argentine---catamarca--la-mine-de-la-colere.htm.

« en présentant depuis 5 ans de faux bilans déficitaires, ferait perdre au trésor public congolais 153,7 millions de dollars »[1].

Au Pérou, à Cajamarca, dans la même cordillère des Andes, les Indiens livrent un combat désespéré contre la société Newmont qui veut exploiter l'or dans une mine à ciel ouvert, entraînant la disparition de grands réservoirs naturels d'eau. La société extractive Yanacocha a déjà gravement pollué l'eau de cette même région avec une mine proche[2]. Il faut concasser une tonne de roche pour obtenir entre un et cinq grammes d'or. Mais la séparation ne peut se faire que par lixiviation, un lessivage par produits chimiques mélangés à l'eau (cyanure, mercure, acides) qui seront ensuite stockés dans d'immenses réservoirs à ciel ouvert et/ou rejetés dans la nature, volontairement ou par accident fréquent.

Un autre exemple criant est l'exploitation par Shell du pétrole dans le delta du Niger. Le peuple Ogoni a perdu une majeure partie de son territoire de vie qui était d'une grande richesse : agriculture et biodiversité. Certains disent que les fuites de pétrole y sont équivalentes, chaque année, à celle de la plateforme Deep water de BP dans le golfe du Mexique en 2010. Les rejets du torchage (l'action de brûler le gaz méthane qui sort à l'air libre en même temps que le pétrole) empoisonnent les habitants, polluent et réchauffent de vastes étendues devenues inhabitables. Le torchage est pourtant interdit en Europe. Quel scandale éclaterait aux Pays-Bas si des torchères de la multinationale hollandaise Shell salissaient les belles façades multicolores, empoisonnaient enfants et adultes, et abîmaient les célèbres tulipes ?

---

1. http://www.onewovision.com/actu-rdc/Pillage-du-cuivre-congolais-chiffres-fort-troublants,i-20140625-92e4

2. http://www.amnesty.ch/fr/pays/ameriques/perou/documents/2013/le-pillage-des-ressources-de-yanacocha

Personne n'imaginait il y a cinquante ans, hors des esprits éclairés tels que Jacques Ellul, André Gorz, Bernard Charbonneau et bien d'autres, dont les rédacteurs du rapport Meadows de 1972 sur les limites à la croissance[1], que le progrès matériel créerait en même temps le risque d'effondrement des sociétés occidentales. C'est pourtant la disparition rapide des ressources sur lesquelles il s'est bâti et la destruction de l'environnement qui ont permis à 20 % des habitants de la planète de disposer d'un confort matériel aussi incroyable que non soutenable, au détriment de la majorité des autres. Le pétrole est un concentré d'énergie solaire fabriqué à travers la photosynthèse végétale au cours de centaines de millions d'années. Cet incroyable capital énergétique naturel sera dilapidé en à peine plus d'un siècle. Que ce soit pour chauffer ou refroidir des maisons passoires à calories ou frigories, pour transporter des aliments que l'on peut produire localement sur des milliers de kilomètres, se déplacer seul dans une boîte à quatre roues de plus d'une tonne pour aller travailler loin de chez soi, prendre l'avion pour nouer des affaires ou bien profiter du sable et des cocotiers à des milliers de kilomètres, il y a une inconscience ou une volonté de ne pas savoir : pourtant un crime pour les jeunes générations d'aujourd'hui et de demain.

Non seulement elles ne disposeront plus de cette énergie aussi extraordinaire qu'irremplaçable mais elles devront survivre sur une planète réchauffée au climat chaotique. Ce ne sont pas les gaz de schistes ou les pétroles bitumineux qui leur apporteront des solutions. Dans l'Alberta au Canada, il faut environ un demi-baril de pétrole énergie plus trois à cinq barils d'eau pour extraire un baril de pétrole des sables, le plus sale au monde. Ainsi dans l'Alberta, l'EROEI[2] est égale à deux. Au début du pétrole, il

1. http://www.manicore.com/documentation/club_rome.html
2. « energy returned on energy invested », énergie acquise sur énergie dépensée.

suffisait d'investir un baril de pétrole pour en obtenir 100, l'EROEI était de 100. Quand le rapport sera égal à un, le gain énergétique sera de 0. Ce qui est déjà le cas pour les agrocarburants, qui selon Yves Cochet n'existent que par les subventions. On s'en rapproche avec les extractions en eau profonde ou les sables bitumineux. Le photovoltaïque est à 2,5 pour 1.

> « La terre du Canada renferme actuellement l'un des plus grands gisements de pétrole "exploitable" au monde : "exploitable" si vous acceptez de détruire de façon irréversible une surface équivalente à celle de l'Angleterre et qui était jusqu'alors occupée par l'une des plus grandes et des plus belles forêts du monde totalement intacte[1]. »
> « Si nous maintenons le gâchis énergétique au nom de la sacro-sainte croissance, il sera impossible de remplacer le pétrole demain. Selon le Smithsonian Institute qui confirme en 2012 le rapport Meadows écrit 40 ans auparavant, la société de consommation va s'effondrer en 2020-30 : "tout se déroule comme prévu pour que survienne le désastre"[2]. »

Daniel Tanuro écrit :

> « Aucune société dans l'histoire n'a été guidée par la soif inextinguible de profit qui pousse les propriétaires de capitaux à accumuler toujours plus pour produire toujours plus et vendre toujours plus en créant toujours plus de besoins. [...] Les "pénuries alimentaires, les famines, les guerres d'aujourd'hui ne sont pas dues au fait que trop de gens luttent pour trop peu de ressources" : elles sont dues au fait que les nantis s'approprient les ressources et se donnent les moyens militaires de continuer à les piller pour leur profit. "Les révolutions, les changements de régime violents, l'effondrement de l'autorité, le génocide, la mortalité infantile élevée" ne sont

1. http://gazdeschistesprovence.wordpress.com/2011/09/04/sables-bitumineux-de-l%E2%80%99alberta-et-contestation-devant-la-maison-blanche/
2. « La croissance mondiale va s'arrêter », *Le Monde*, 25/05/2012.

> pas "des mesures de la pression environnementale et démographique" : ce sont des mesures de l'injustice, de l'oppression, de l'exploitation et de la barbarie montante, etc.[1] »

Un des pires cas d'extractivisme et de pression exercée sur la population se trouve dans l'exploitation des minerais au Kivu (coltan, diamants, etc.), dans l'est de la République Démocratique du Congo, RDC. Ce pays détient les sous-sols les plus riches au monde, mais la population y est extrêmement pauvre, avec un classement selon l'indice de développement humain, l'IDH, de 186 sur 186 en 2012. Selon le *New York Times* de 2010, « environ 6,9 millions de personnes sont mortes dans cette région depuis 15 ans[2] ». Viols massifs des femmes et massacres par les chefs de guerre n'existent que par la volonté des acheteurs occidentaux et ceux des pays émergents qui les financent pour obtenir ces minerais « sales »[3]. Ce chaos guerrier est aussi entretenu par les rivalités des pays de la zone des Grands Lacs. La pauvreté de la RDC, gouvernée par un Kabila réélu frauduleusement fin 2011, rend impossible l'ordre et la justice dans cette région située à près de 4 000 kilomètres de Kinshasa par la « route ». Le coltan est un métal indispensable aux téléphones, ordinateurs, automobiles, avions, fusées, satellites… Il est essentiel pour nos sociétés de gaspillage où les produits high-tech sont devenus des « besoins primaires ». La question de notre responsabilité doit donc être posée.

En Amérique du Sud, sur un continent « indépendant » depuis près de deux siècles, le jugement rendu début 2012 en Équateur en dit long sur l'extractivisme du sous-sol :

---

1. http://blog.mondediplo.net/2008-01-18-Effondrement-de-Jared-Diamond
2. http://www.afriqueredaction.com/article-6-9-millions-de-morts-en-rdc-necessite-d-un-tribunal-penal-international-47407787.html
3. Frank Poulsen, *Du sang dans nos portables*, documentaire Arte, 2011.

> Le groupe pétrolier était accusé par plus de 30 000 habitants de la province de Sucumbíos (nord-est de l'Équateur) d'avoir « déversé près de 70 millions de litres de pétrole brut et de 80 milliards de litres d'eau » remplis de produits chimiques et de métaux lourds dans la forêt amazonienne. La multinationale américaine (Chevron) devra payer la somme faramineuse de 9,5 milliards de dollars (7,3 MdsE)[1].

Dans le Sahel, en Afrique, l'uranium d'Arlit au Niger, et bientôt d'Imouraren, fait tourner 40 % des centrales nucléaires françaises depuis plus de trente ans et fournit l'électricité la moins chère du monde, officiellement. En réalité, à quel prix ? Si l'on prenait en compte toutes les externalités négatives, telles que l'irradiation cachée des populations en France et au Niger, les énormes provisions financières qu'il faudrait stocker pour faire face à un grave accident nucléaire – ce que les plus grands assureurs refusent de prendre en charge –, le prix du traitement des déchets sur des siècles et pour certains des millénaires, le démantèlement quasi impossible des centrales en fin de vie, alors le prix du kWh atomique exploserait et les centrales seraient fermées en urgence.

Le PIB du Niger, ce pays du Sahel de 17 millions d'habitants, n'est que de 5,5 milliards de dollars, à peine supérieur au bénéfice d'EDF en 2013. Son IDH par habitant le classe à la dernière place des 186 pays à égalité avec la RDC. Les famines y sont fréquentes. Selon l'ONG Action contre la faim (ACF), 20 % de la population seraient d'ores et déjà « dans une situation alimentaire grave », et 38,2 % « dans une insécurité alimentaire modérée, soit plus de la moitié des Nigériens »[2]. Azaoua Mamane explique :

1. 7,3 MdsE = 7.3 milliards d'euros… http://www.la-croix.com/Actualite/S-informer/Monde/Le-petrolier-Chevron-condamne-a-une-amende-record-pour-pollution-_NG_-2012-01-04-754001.
2. *Libération*, 7 avril 2010.

> « La population a hérité de 50 millions de tonnes de résidus radioactifs stockés à Arlit et Areva continue de pomper gratuitement 20 millions de mètres cubes d'eau par an pendant que la population meurt de soif. Les rues et les habitations d'Arlit sont construites à l'aide de résidus radioactifs et la nappe phréatique usée et contaminée s'assèche par la faute d'Areva[1]. »

L'armée française a été engagée au Mali en 2013 dans une guerre, avec comme raison officielle de lutter contre Al Quaïda au Sahel. Ce pays très pauvre au pouvoir très corrompu était effectivement incapable de résister à la pression des islamistes armés partis à sa conquête. Les richesses minières, uranium et autres métaux de ce pays et celles du Niger voisin, ne sont-elles pas les causes cachées de l'engagement de l'armée française dans la guerre du Sahel, par le pays le plus nucléarisé au monde par habitant ? Alors que les travailleurs nigériens et les populations avoisinantes des mines exploitées par la France, à travers l'entreprise Areva, ont subi de graves irradiations[2] on comprend bien son intérêt à ce que son ancienne colonie soit dirigée par une dictature ou un président « ami » : limiter le prix de ce précieux minerai venu du Niger.

■ L'extraction sans exportation

L'extraction indirecte est plus pernicieuse. Les énergies fossiles sont extraites pour produire de l'électricité qui permettra de transformer des minerais en métaux qui seront ensuite exportés. Le gouvernement du pays favorise

1. http://abonnes.lemonde.fr/afrique/article/2013/10/12/manifestation-anti-areva-au-niger_3494805_3212.html
2. *« Comment Areva laisse mourir ses travailleurs au Niger »* article Bastamag du 14 janvier 2013 http://www.bastamag.net/article2858.html et *Uranium, l'héritage empoisonné*, documentaire diffusé sur la chaîne Public sénat le 07.12.2009 http://www.publicsenat.fr/cms/uranium_documentaire

l'intérêt des multinationales au détriment des populations locales, avec le financement d'institutions financières, les IFIs, telles que la BM ou la BEI (Banque européenne d'investissement) ou la BERD (banque européenne de reconstruction et de développement).

La construction de la centrale électrique à charbon de Medupi en Afrique du Sud, la plus grande du monde, également la plus émettrice de CO_2, se fait au profit des sociétés BHP Billiton et Anglo American. Les populations locales subissent de très graves pollutions de l'air et de l'eau produites par le brûlage du charbon et la transformation de la bauxite en aluminium. La société d'électricité Eskom doit augmenter le prix de l'électricité de 25 % pour l'ensemble de la population sud-africaine afin de rembourser l'énorme investissement ! « L'État français qui garantit le projet dans l'intérêt d'Alstom (à travers la garantie Coface[1]) donne l'image d'une France qui soutient un système injuste, anti-écologique, au bénéfice des riches multinationales, et pesant sur les plus pauvres[2]. » Le barrage d'Inga en est un autre exemple dramatique que nous verrons plus bas.

■ Sols volés

Les peuples colonisés avaient souvent perdu le droit d'usage traditionnel de leurs sols. Les colons, installés par la force des armées, occupaient les meilleures terres. La colonisation en Algérie s'est faite dans les plaines fertiles, en repoussant les paysans dans les montagnes. Un siècle plus tard, les combattants algériens qui résistaient à l'armée française pour gagner leur indépendance, ceux que les Français nommaient les fellaghas, étaient en majorité des paysans des montagnes. En Nouvelle-Calédonie, les

1. La Coface est une institution financière française semi-publique qui fait de l'assurance crédit pour les exportations.
2. Sébastien Godinot, Les Amis de la Terre http://cadtm.org/Garantie-de-la-Coface-pour-le

Kanaks ont été dépossédés de 90 % de leurs territoires par les Français et contraints de s'exiler dans les montagnes, eux aussi, par la conquête coloniale au XIXe. Les bonnes terres ont partout été converties par les colons en monocultures extractrices de la fertilité et dédiées à l'exportation. Jusqu'en 1898, date de son indépendance, les terres de Cuba ont été dévastées par la monoculture de la canne dont le sucre fut exporté vers l'Espagne.

> « Jusqu'à la colonisation européenne, le sud du Sahara, le Sahel, connaissait une forme d'agriculture particulière dont l'un des pivots était un arbre non comestible. L'acacia albida est économe en eau, il produit des feuilles en saison sèche pour nourrir le bétail, on peut cultiver des céréales en association. [...] Les programmes agricoles de la colonisation mirent un terme à cette agriculture "archaïque" au profit notamment de l'arachidier que préférait l'économie métropolitaine[1]. »

Les terres, fragilisées par ces pratiques de monocultures productivistes, ont subi l'érosion éolienne et hydrique. C'est ainsi que la région de Kaolack au Sénégal, sous la colonisation dédiée à l'arachide, est devenue une plaine aride et stérile.

> « Les entreprises extractivistes minimisent les pertes de ressources, entraînant misère ou exil vers les bidonvilles. Par exemple pour le passage de l'oléoduc Tchad-Cameroun, cofinancé par un prêt de la BM, un paysan a reçu en 1999, selon la FIDH (Fédération Internationale des Droits de l'Homme), 1 300 FF (198 euros) en espèces "pour la destruction de 1 600 m^2 de cultures vivrières et l'abattage de deux karités dont la valeur cumulée de la production, selon une estimation indépendante, dépasse les 8 000 FF par an (1 220 euros)"[2]. »

1. Matthieu Calame, *La tourmente alimentaire*, Charles Léopold Mayer 2008.
2. http://www.afrik.com/article687.html

■ Les accaparements des terres et de l'eau d'irrigation

Aujourd'hui, plus de cinquante ans après les indépendances, une nouvelle forme de vol est en pleine expansion. L'Afrique est le continent le plus recherché. L'accaparement des terres par des entités financières internationales, avec la complicité des décideurs corrompus, prend des proportions qui révèlent une dépossession de type coloniale. La violence des armes est remplacée par la spéculation financière et la corruption des élites. Le retour sur investissement de ces opérations est estimé à 20 %, alors qu'en agriculture il n'est généralement que de 3 à 5 %.

La BM soutient financièrement ces opérations, en s'abritant derrière le principe du RAI (Responsible Agro Investment) et en parlant de contrats « gagnant-gagnant », occultant ainsi les désastres sociaux et environnementaux. Selon Via Campesina, association regroupant 275 millions d'agriculteurs dans le monde, les RAI sont des « politiques visant à attribuer des titres de propriété aux terres afin de faciliter la vente et l'achat de biens fonciers. Au bout du compte, les paysans pauvres perdent leurs terres au profit de ceux qui ont les moyens de les acquérir. »

En France l'Agence française de développement, l'AFD, qui gère une grosse partie de l'Aide publique au développement, l'APD, participe elle aussi, à travers des financements combinés avec des entités privées, aux scandales des accaparements de terres. Ingrid Aymes, dans un article titré « Les partenariats de financement public-privé : symptômes révélateurs de la financiarisation du développement agricole », décrit avec précision les mécanismes de ces dérives de la coopération française qui fragilise l'agriculture paysanne[1].

1. http://www.agter.asso.fr/IMG/pdf/aymes_ifid_et_capital_investment_fr_2.pdf

Ce n'est pas un hasard si 50 à 60 % des terres accaparées le sont en Afrique où près d'un tiers de la population est très pauvre : Soudan, Mozambique, Éthiopie, Madagascar et tant d'autres. Jacques Berthelot écrit en 2013 : « 66 % des transactions ont porté sur des pays où la faim prévaut à un niveau élevé, alors qu'environ la moitié des superficies sont déjà cultivées par la paysannerie locale[1]. » Les investisseurs-accapareurs, en complicité avec les gouvernements, s'attaquent à des populations qui n'ont jamais été aidées pour développer une véritable agroécologie, ce qui leur aurait permis d'accéder à une alimentation sécurisée, à des revenus par la vente des excédents, donc à de vraies possibilités d'éducation pour leurs enfants et à une meilleure santé. L'Afrique exploite 2 ou 3 % seulement de ses ressources en eau, à la différence de nombreux pays d'Asie où près de 40 % des terres sont irriguées.

Pour prix des locations à long terme[2], plus de trente ans (baux emphytéotiques), les accapareurs ne versent officiellement aux gouvernements concernés que des sommes dérisoires en prétextant que ces terres ne rapportent rien : plus ou moins un euro par hectare et par an. Un prix très faible comparé aux bénéfices des acquéreurs, un prix ridicule vu les pertes de territoires de vie que cela engendre pour les populations. Il est certain que des contreparties moins avouables existent, par exemple sous forme de versements occultes dans des paradis fiscaux et judiciaires (PFJ) en faveur des divers responsables politiques. Les bénéfices pour les pays en emplois ou taxes sur les exportations sont insignifiants.

L'exportation d'aliments, de fleurs, de céréales, ou pire encore, d'agrocarburants produits par des capitaux étrangers sur les terres fertiles d'un PED, en pompant l'eau des nappes phréatiques en grandes quantités et en ruinant

1. Jacques Berthelot, *Réguler les prix agricoles*, L'Harmattan, 2013.
2. http://viacampesina.org/downloads/pdf/fr/mali-report-2012-fr1.pdf

la fertilité, là où la population a des difficultés pour se nourrir voire accéder à l'eau, est une des pires formes de l'extractivisme.

L'Éthiopie, pays de la corne de l'Afrique dans lequel sévit la famine, a déjà cédé plusieurs centaines de milliers d'hectares pour alimenter des voitures et du bétail étranger ou fournir des fleurs aux amoureux des pays industrialisés. D'après Jean Ziegler, le plein en agrocarburants d'une grosse voiture représente 350 kg de maïs, de quoi alimenter une personne pendant un an[1]. Plutôt que de prendre les terres, pourquoi ne pas donner aux populations locales les moyens financiers et techniques de développer sur place une agriculture efficiente, biologique et capable d'exporter ses surplus ? Aucun profit pour les accapareurs, évidemment ! Pourtant, piller la fertilité et l'eau pour l'exportation est comparable à l'extractivisme des énergies et des minerais, mais en pire, car c'est aussi un ethnocide, une mort culturelle, et parfois une mort physique, pour les peuples chassés de leurs territoires ancestraux et contraints d'aller vivre dans les bidonvilles ou les forêts.

■ Sols stérilisés

Désertification des terres agricoles

Pourquoi l'Inde ou la Chine accaparent-elles des terres ? Leur croissance démographique suffit-elle à expliquer ce phénomène ou bien n'est-ce pas plutôt une question de désertification et de pertes de rendements résultant d'une agriculture productiviste et chimique ? En cassant le système de création naturelle de l'humus – la fine couche fertile du sol – fait par les bactéries, la microfaune et la microflore, et en abattant les forêts qui sont des ressources importantes de vie pour les sols par les mycorhyses[2], on

1. Jean Ziegler, *Destruction massive, géopolitique de la faim*, Seuil, 2011.
2. Association symbiotique entre les racines et les champignons.

fait disparaître la MOS, source de la fertilité. L'érosion hydrique et éolienne emportera alors chaque année des tonnes de sols agricoles parce qu'ils auront perdu leurs structures naturelles et leurs couverts végétaux par les labours et l'usage de la chimie, ou leurs couverts forestiers par les incendies et le défrichage.

Dans un article intitulé « Planète terre, planète désert », Dominique Guillet – créateur de Kokopelli, association pour le sauvetage des semences anciennes – écrit :

> « À l'échelle planétaire, ce sont 1 370 hectares de sol qui sont désertifiés à jamais toutes les heures, ce qui fait 12 millions d'hectares chaque année, l'équivalent de la moitié de la surface agricole de la France. En Inde, par exemple, ce sont 2,5 millions d'hectares qui sont désertifiés chaque année. Certaines terres australiennes ont des concentrations de sel trois fois supérieures à celles de l'océan. Il aura fallu à la société occidentale un siècle et demi d'agriculture et d'élevage intensifs pour transformer l'Australie en un désert[1]. »

Et selon John Jeavons : « six kilos de sol sont détruits par l'érosion du vent et de l'eau à chaque fois que nous consommons un kilo de nourriture produite par l'agriculture chimique mécanisée des États-Unis[2] ».

Artificialisation des sols et extraction de sable

C'est le bétonnage des routes et autoroutes, des lignes à grande vitesse (LGV), des constructions commerciales et des habitations qui stérilisent les terres arables. Jusqu'ici, on évoquait l'artificialisation des sols en France à raison de 1 % du territoire tous les dix ans (l'équivalent du sol agricole d'un département). À présent, avec 800 kilomètres carrés supplémentaires bétonnés chaque année en France, on atteint plutôt l'équivalent d'un département tous les six ou sept ans. Les grands barrages qui artificialisent de

1. https://kokopelli-semences.fr/
2. http://www.kokopelli.asso.fr/articles/j-jeavons

très grandes surfaces en Chine ou en Amazonie créent de graves problèmes de survie pour les populations autochtones qui sont le plus souvent expulsées. Il faut le rappeler, les mines à ciel ouvert ou l'extraction du pétrole des sables bitumineux dans l'Alberta sont aussi la cause de la perte définitive de très grandes surfaces de sols forestiers.

La redoutable artificialisation des sols engloutit beaucoup de sable. Il faut pourtant des centaines de milliers d'années à la nature pour le fabriquer. Quelques centaines de tonnes sont nécessaires pour construire une maison, et il en faut 30 000 tonnes pour un kilomètre d'autoroute[1]. Les carrières d'exploitation de sable le long des rivières remplacent des milliers d'hectares de terres alluvionnaires très fertiles par des étendues d'eau.

Denis Delestrac, auteur du documentaire Le sable, explique « Dans le monde, beaucoup de carrières sont déjà épuisées. Dans les rivières on s'est rendu compte que cela causait plus de crues, des affaissements de berges, des inondations[2]. » Les conséquences de cette surexploitation apparaissent. Les appétits économiques ont grignoté au moins 75 % des plages du monde, et englouti des îles entières, en Indonésie et aux Maldives, tandis que Singapour ou Dubaï ne cessaient d'étendre leur territoire en important frauduleusement du sable.

■ Productions du sol détournées

Les grandes cartes politiques de l'Afrique, affichées dans les écoles de France durant la période coloniale, ressemblaient à une corne d'abondance. Sur les flèches, jaillissant des pays africains et incurvées vers l'Europe, on pouvait lire : caoutchouc, coton, arachide, poissons, café, vanille,

1. http://www.reporterre.net/spip.php?article5305
2. Denis Delestrac : http://www.atlantico.fr/decryptage/penurie-en-vue-quoi-peut-on-remplacer-sable-denis-delestrac-alain-bidal-739012.html#ya3T6JbtYt1umwI8.99

huile de palme, bananes, or, cuivre, etc. Un continent chargé d'histoire, sur lequel vivent tant de peuples, de langues, de cultures différentes était réduit à la satisfaction de nos petits désirs et grands gaspillages. Comme si les hommes et les femmes de ce continent ne demandaient qu'à offrir gratuitement richesses et travail à la France et aux autres colonisateurs. Le « *Y'a bon Banania* » est colonial et raciste. Sous couvert d'une image « drôle », il a donné aux enfants une vision très méprisante des Africains masquant un pillage agricole dramatique pour eux. Comme si l'extraction de fèves sous les cacaoyers par 35° en fendant toute la journée les cabosses à la machette, n'était qu'une franche partie de rigolade. Durant les « trente glorieuses » de l'après-guerre, pour les PED « les trente odieuses », le confort a progressé partout en Europe sans que l'on admette qu'il reposait sur les ressources de la nature volées dans les colonies, le travail forcé des indigènes dans leurs pays, ou celui des immigrés en France, tous soumis à nos « besoins ».

Aujourd'hui, ces cartes faussement naïves ont disparu mais le pillage des productions agricoles et sylvicoles, lui, s'est lourdement accentué. En Birmanie, le teck des forêts est surexploité par les acheteurs chinois en complicité avec les hommes d'affaires birmans, à qui les généraux dictateurs ont transmis toutes les entreprises publiques, avant de s'autoproclamer pouvoir civil démocratique. Les dictatures corrompues de Suharto en Indonésie, des militaires au Brésil ou de Mobutu au Zaïre, et bien d'autres, ont surendetté les PED. Pour rembourser leur dette, ces trois grands pays détruisent aujourd'hui les trois plus grands massifs forestiers tropicaux de la planète. Les bois précieux sont coupés, les forêts primaires sont incendiées et remplacées par des palmiers à huile, du soja OGM et des élevages de bœufs : tout pour l'exportation, en échange de devises indispensables au remboursement de la dette publique et à l'enrichissement des clans proches du pouvoir.

En juin 2009, Manuel Zelaya, président du Honduras démocratiquement élu, est chassé du gouvernement par un putsch militaire. Devant la pauvreté des travailleurs de son pays, il avait osé remonter le niveau du salaire minimum. La Chiquita brand Int, société états-unienne qui exploite les bananeraies pour l'exportation, n'avait pas supporté cette hausse qui faisait une petite encoche dans ses profits colossaux. Après le remplacement de Zelaya, les salaires minima ont été baissés, des journalistes indépendants et les syndicalistes ont été assassinés[1]. Last but not least, le premier exportateur de bananes au monde est l'île anglo-normande de Jersey, un paradis fiscal. Grâce à des mécanismes d'évasion fiscale à grande échelle et à d'habiles jeux d'écriture comptable, les multinationales font porter les bénéfices par leurs filiales inscrites dans des paradis fiscaux comme Jersey[2].

Les grands producteurs de café d'Amérique du Sud, d'Asie et d'Afrique se font une concurrence terrible et les multinationales de la torréfaction en profitent. Un kilogramme de café dont le prix varie autour de un euro pour le producteur peut être vendu jusqu'à 150 euros dans un café parisien en « petits Noirs » ou sous forme de dosettes individuelles aux particuliers. Bien que revendu 150 fois son prix par Nestlé, premier groupe alimentaire mondial, cette société ne reverse rien de ses bénéfices colossaux aux producteurs. Elle utilise même un système d'achat aussi redoutable que complexe pour faire baisser les prix versés aux caféiculteurs qui cueillent à la main les grains mûrs un à un, et survivent difficilement[3]. Son chiffre d'affaires (75 milliards d'euros) dépasse le PIB de la majorité des

1. Plus d'infos : Maurice Lemoine, « Coups d'État en douce », *Le monde diplomatique*, août 2014.
2. Voir chapitre 5, dans la partie Paradis fiscaux et judiciaires, de plus amples explications sur Jersey et les prix de transfert.
3. Jean-Pierre Boris, *Commerce inéquitable, le roman noir des matières premières*, Hachette, 2005.

PED, son bénéfice, en 2012 et 2013 (environ 10 milliards d'euros), est plus élevé que le PIB du Mali ou du Niger. Pour couronner l'immense injustice de cet « échange », les énormes dividendes que recueilleront les actionnaires de Nestlé se feront dans le paradis fiscal Suisse.

Les eaux douces, volées ou détournées

Un chef Adivasi (indigènes de l'Inde), de la tribu qui a lutté victorieusement contre Coca-Cola dans le village de Plachimada[1] où je l'ai rencontré, m'a expliqué que cette compagnie pompait tellement d'eau que les habitants de la région ne pouvaient plus ni irriguer leurs rizières ni même boire l'eau de leurs puits. Les eaux polluées par la fabrication étaient rejetées dans les forages. Il m'a aussi appris que cette compagnie mettait du glycol – antigel utilisé dans les radiateurs des voitures, toxique pour l'homme – dans ces bouteilles pour que les clients puissent, selon la publicité, boire cette boisson ultra-glacée, plus froide que zéro degré. Ils y avaient aussi découvert des pesticides. Les bouteilles étant transportées dans des camions non réfrigérés sur des centaines de kilomètres, la boisson se serait détériorée sans ces conservateurs, pourtant des poisons pour l'homme.

Avec la progression du réchauffement climatique, la fonte des glaciers de montagnes et les besoins croissants de l'agriculture productiviste, l'extractivisme de l'eau est déjà largement engagé. Si la guerre de l'eau n'est pas encore visible dans les pays tempérés, elle a pourtant commencé.

> Les prévisionnistes financiers réalisent que, à l'instar des matières premières traditionnellement négociées tels les métaux précieux, l'eau exploitable du futur sera si rare qu'il faudra l'extraire comme un minerai, la traiter, la conditionner,

1. http://base.d-p-h.info/fr/fiches/dph/fiche-dph-8911.html

l'embouteiller et, plus important encore, la déplacer et la transporter à travers le monde[1].

De puissantes compagnies privées s'approprient les ressources d'eau potable pour les revendre en bouteille jusqu'à deux euros le litre, avec l'accord des gouvernements. Très souvent elles privent les populations d'eau pour l'agriculture et pour la maison. En Indonésie, c'est surtout Danone, au Pakistan et au Brésil, plutôt Nestlé[2], au Maroc, Castel, et en Inde, particulièrement Coca-Cola, qui s'approprient ce bien commun vital (liste non exhaustive). De nombreux paysans sont contraints de quitter leurs territoires pour aller grossir les bidonvilles des grandes agglomérations après avoir perdu l'accès à l'eau.

D'autres grandes compagnies privées, comme les Françaises Veolia et Suez, monopolisent le service d'adduction d'eau par tuyaux jusqu'aux habitations des populations. Dans les PED, la privatisation aboutit parfois à enlever aux populations locales l'accès à l'eau, car vendue à des prix trop élevés.

En 1997, la BM a imposé à la Bolivie la privatisation de l'eau à El Alto-La Paz et dans la ville de Cochabamba en contrepartie de son aide financière. Cette privatisation fut confiée à la compagnie Aguas del Tunari, filiale des sociétés transnationales Bechtel, Edison et Albengoa, qui en janvier 2000 augmenta les tarifs de 200 % et prit le contrôle de tous les réseaux d'eau. La résistance citoyenne est cependant parvenue, après avoir subi deux morts et de nombreux blessés dans les banlieues privées d'eau potable, à faire annuler par le gouvernement son contrat avec Aguas del Tunari[3].

---

1. http://blog.mondediplo.net/2013-03-08-La-soif-d-eau-de-Wall-Street
2. http://www.lecourrier.ch/bottled life et « Nestlé et le business de l'eau, », documentaire Arte.
3. http://www.aguariosypueblos.org/fr/lutte-contre-la-privatisation-de-leau-a-cochabamba-%E2%80%93-bolivie/

Le barrage d'Inga est un autre exemple d'extraction de l'eau. Située sur la partie basse du fleuve Congo en RDC, cette opération est un des plus grands scandales du pseudo-développement adoubé par la BM et les Occidentaux en Afrique. C'est un « éléphant blanc », très comparable aux GPII (grands projets inutiles imposés) comme le projet d'aéroport Notre-Dame-des-Landes en France. Inga a rapporté beaucoup d'argent aux multinationales qui l'on construit et au clan du président Mobutu. Mais il a lourdement endetté et appauvri le pays jusqu'à aujourd'hui, depuis les constructions des tranches Inga I en 1972 et Inga II en 1982. Une ligne à très haute tension a été construite sur 1 900 km entre le barrage et la province du Katanga, pour assurer l'extraction et la transformation sur place des minerais, notamment de cuivre. Aucun village sur le parcours ne profite de cette énergie et, en plus les turbines sont aujourd'hui en grande partie ensablées.

Les Amis de la Terre tentent de s'opposer aux investissements désastreux, sur le plan social et écologique, de la Banque européenne d'investissement (BEI) dans les grands barrages. Ses financements au « développement » sont beaucoup plus importants que ceux de la BM.

> Les conséquences des grands barrages, déforestation, accaparement de terres agricoles, dégradation de la biodiversité et des écosystèmes, destruction du patrimoine et des peuples, privatisation de l'eau, corruption, non-respect des droits humains, servent à alimenter de grosses industries appartenant à des compagnies étrangères recherchant de l'électricité bon marché pour produire des biens destinés à l'exportation vers les pays riches[1].

L'agriculture industrielle est le plus grand extracteur d'eau douce des PED. Les monocultures de végétaux destinés à l'alimentation du bétail, soja et maïs OGM, des fleurs

1. http://www.amisdelaterre.org/IMG/pdf/plaquettebarrages.pdf

ou des végétaux transformés en agrocarburants sont une exportation de quantités colossales d'eau virtuelle. Rouler en France avec des agrocarburants produits en Afrique, comme manger de la viande de bœuf produite au Brésil sur les terres de la forêt amazonienne, revient à en consommer virtuellement l'eau. Il faut 15 000 litres d'eau (voire beaucoup plus) pour produire 1 kg de bœuf et moins de 1 000 litres pour 1 kg de blé. « Selon les études disponibles, le jatropha nécessite entre 3 213 et 778 025 litres d'eau pour produire un litre de biodiesel[1]. »

En Europe comme aux États-Unis, l'eau est consommée à 70 % par les productions agricoles destinées en majorité au bétail. « Il n'y aura pas suffisamment d'eau disponible sur nos terres agricoles pour produire de la nourriture pour une population qui devrait atteindre neuf milliards d'habitants en 2050, si nous suivons les tendances alimentaires actuelles dans les pays occidentaux[2]. »

Les réserves naturelles d'eau fossile sont classées comme non renouvelables. Elles ont pourtant été utilisées en Arabie Saoudite pour produire du blé, au Kansas et ailleurs pour irriguer des champs au détriment des générations futures. Utiliser des ressources aussi précieuses pour produire des céréales qui serviront pour une grande partie à nourrir le bétail ou à produire des agrocarburants comme aux États-Unis est un crime pour les générations futures. Surtout quand on a bien compris que le réchauffement climatique provoque la fonte des grands glaciers de montagne servant de réservoirs aux grands fleuves dont l'agriculture de milliards d'humains est dépendante.

1. http://www.grain.org/article/entries/4654-il-faut-arreter-d-accaparer-les-terres-pour-produire-des-biocarburants#sdfootnote23sym
2. Étude du Stockholm International Water Institute, citée par le *Guardian*, http://ecologie.blog.lemonde.fr/2012/08/28/serons-nous-tous-vegetariens-en-2050/

Les mers violées

La Somalie est une dramatique illustration de l'extractivisme marin. Le président Siyaad Barre, devenu un dictateur sanglant, a été destitué en 1991 par un contre-pouvoir armé soutenu par l'Éthiopie. Débute alors un terrible chaos politique et humain.

Les grands chalutiers européens viennent ratisser les très poissonneux fonds marins au large de ses côtes, non gardées faute de gouvernement. D'autres y ont coulé des fûts de déchets nucléaires[1]. Non seulement les réserves halieutiques étaient pillées, mais les bateaux usines européens détruisaient les filets des Somaliens. Ainsi est née la piraterie au large de la Somalie.

> L'un des leaders des pirates, Sugule Ali, a déclaré que leur motif était « d'arrêter la pêche illégale et l'immersion des déchets, dans nos eaux... Nous considérons que les bandits des mers [sont] ceux qui pêchent illégalement et utilisent nos mers comme une décharge et rejettent leurs déchets dans nos mers et viennent [naviguer] en armes sur nos mers »[2].

Aujourd'hui, environ 700 bateaux de toutes les nations pillent les ressources halieutiques au large de la corne de l'Afrique, là où le problème de la faim fait d'énormes ravages. La réponse internationale consiste à envoyer quelques bateaux remplis de céréales financés par le Programme alimentaire mondial, le PAM, et surtout des bâtiments de guerre pour protéger les bateaux de pêche

1. Selon des chiffres de l'État italien, la mafia calabraise « encaisse » tous les ans 7 milliards de $ US provenant du commerce des déchets atomiques, et Mogadiscio est une des clés de ce trafic. http://blogs.mediapart.fr/edition/nucleaire-lenjeu-en-vaut-il-la-chandelle-pour-lhumanite/article/020613/lafrique-poubelle-nucleaire
2. http://france-multiculturelle.org/news.php?extend.59

étrangers qui s'accaparent les ressources alimentaires somaliennes[1].

Que ce soit au large des côtes sénégalaises, mauritaniennes ou malgaches, les décideurs politiques ont été « contraints » de vendre leurs réserves halieutiques aux bateaux des nations extractivistes, bien souvent pour rembourser la dette illégitime. Les sommes reçues en échange, quand elles ne sont pas détournées, ne compensent pas la perte de travail et des ressources halieutiques pour les pêcheurs locaux, ni la perte alimentaire pour les populations. Cette pêche, un véritable extractivisme industriel, détruit parfois pour toujours la capacité de renouvellement de certains stocks de poissons. Au-delà des petits pêcheurs, cette ressource alimentaire manque déjà à des millions d'habitants de ces pays alors que la population de l'Afrique va atteindre 2 milliards d'habitants vers 2050[2].

L'aquaculture n'est pas la solution miraculeuse qui résoudra le problème de la surpêche et de la faim. Les poissons d'élevage en ce début du troisième millénaire sont plus nombreux sur les étals des commerçants que leurs cousins sauvages. En effet, pour alimenter les poissons carnivores, ceux que les Occidentaux mangent, comme les saumons, dorades, bars, cabillauds, thons… il faut pêcher d'autres poissons sauvages dits « poissons-fourrage » qui seront ensuite transformés en farine. Et il en faut jusqu'à sept kilos pour faire un kilo de poissons d'élevage. Ainsi, entre les prises destinées à nourrir les humains et celles destinées à nourrir les poissons d'élevage, avec les moyens technologiques de la « pêche » moderne, le moment où les ressources halieutiques seront épuisées est de plus en plus proche. Chaque année, la période d'autosuffisance en

1. http://www.agoravox.fr/actualites/international/article/somalie-3-000-km-de-cotes-98845

2. http://www.lesafriques.com/actualite/la-population-africaine-a-atteint-un-milliard.html?Itemid=89

poissons se raccourcit, pour l'année 2011 par exemple « la France ne mange plus à partir du 14 juin 2011 que du poisson venant des eaux étrangères parce qu'elle a épuisé à cette date ses réserves pêchées dans les eaux de l'Union européenne[1] ».

Les Norvégiens, grands producteurs-exportateurs de saumons d'élevage, sont obligés de mélanger aux aliments de leurs poissons des pesticides pour lutter contre les poux de mer qui déciment les occupants des nasses concentrationnaires flottantes dans les magnifiques fjords de ce pays. « La présence de polluants tels que les dioxines et le PCB dans le saumon génère un risque de cancer, qui, pour les personnes jeunes, dépasse les bénéfices attendus du saumon sur la santé[2]. »

Dernier exemple, l'élevage des crevettes roses, destinées à l'exportation vers les pays surdéveloppés, est pratiqué dans de nombreux pays tropicaux. De très nombreuses mangroves ont été détruites pour y installer cette aquaculture. Or elles sont un lieu exceptionnel de la biodiversité marine, indispensable pour la reproduction de nombreuses espèces. De plus, une bonne partie des dégâts et des morts causés par le grand tsunami de 2005 sur les côtes asiatiques est liée à la disparition des palétuviers qui ne jouent plus le rôle d'amortisseur contre les très puissantes vagues des tsunamis. Il y a eu beaucoup plus de morts sur les côtes birmanes où la mangrove avait été détruite sur ordre des généraux dictateurs qu'au Sri Lanka où elle était restée à peu près intacte[3].

1. http://cna-alimentation.fr/index.php?option=com_content&task=blogcategory&id=43&Itemid=48
2. Claudette Béthune, http://www.rue89.com/rue89-planete/2011/12/24/le-saumon-ruine-ecologique-de-la-norvege-227529
3. http://planetevivante.wordpress.com/2008/06/25/role-des-mangroves-dans-le-cas-de-la-houle-cyclonique-ou-des-tsunamis/, et Damien Millet, Les tsunamis de la dette, Syllepse, 2005.

Le vent accaparé

Les meilleurs gisements éoliens terrestres sont aujourd'hui accaparés en France par des capitaux privés. Ce sont des espaces très spécifiques qui sont aussi limités. Car si le vent est une énergie renouvelable, les grands sites d'implantation avec des vents potentiellement rentables et suffisamment éloignés des habitations ne sont pas inépuisables. La disponibilité pour des projets citoyens ou publics baisse.

Pourquoi n'existe-t-il pas des installations publiques de production électrique d'origine éolienne comme les barrages hydroélectriques alpins ou fluviaux mis en place par les grandes compagnies publiques d'électricité en Europe, durant les décennies passées ? Les États seraient-ils devenus trop pauvres – par le jeu de la dette illégitime due aux cadeaux fiscaux faits aux plus riches – pour pouvoir financer ces installations ? Alors comment les grands barrages construits après la dernière guerre dans un pays surendetté et en reconstruction comme la France ont-ils été financés ? Par la volonté politique, la dette et les impôts. Ces installations bénéficient directement à tous les citoyens depuis plus d'un demi-siècle. S'il avait fallu verser des dividendes à des investisseurs, français ou étrangers, pendant cette période, l'électricité hydraulique aurait coûté sans doute 20 % plus cher aux citoyens français.

Dans le village Les Clérimois dans l'Yonne, un fonds de pension états-unien reçoit 12-15 % de retour sur investissement des quatre éoliennes qui y sont installées. La société française Poweo, après avoir financé la construction des moulins, a revendu l'ensemble avec bénéfice. Le contribuable français, en subventionnant l'électricité d'origine éolienne parce qu'elle n'émet pas de CO_2, participe, sans le savoir, au financement des retraites des travailleurs états-uniens !

L'énergie du vent telle qu'elle est développée aujourd'hui, financée par des capitaux privés, est une forme d'extractivisme, un pillage de ressources naturelles. Pourquoi ? Les impôts des contribuables permettent un gaspillage supplémentaire d'électricité « verte ». Alors que nous avons tous compris qu'il fallait économiser l'énergie, les publicitaires multiplient par milliers le nombre d'écrans numérisés dans les gares et les espaces publics. Un panneau lumineux numérique de 7 m^2 consomme annuellement autant d'électricité que sept familles[1].

Extractivisme du travail

La traite transatlantique, cette effroyable déportation imposée aux Africains que l'on a arrachés à leur famille, leur culture et leur pays, a été centrale dans la conquête du monde par les Européens. Sans esclaves, pas d'or, ni tabac, ni bois précieux, ni sucre de canne (la betterave à sucre n'existait pas), ni coton n'auraient pu être produits puis débarqués dans les ports du Nord. Sans le pillage des métaux précieux extraits par ces forçats, pas d'Europe des « Lumières », pas de financement pour la révolution industrielle ni de capitalisme triomphant. Les populations afro-américaines, africaines, indiennes et tous ceux qui ont été asservis par la puissance des armées européennes sont les créanciers d'une dette historique, sociale et écologique qu'il est indispensable de réparer.

Les colonisés

Si pour les hommes et les femmes des pays colonisés au XIXe siècle, ce n'était plus formellement de l'esclavage, pour les Congolais sous Léopold II, c'était pire. Comme le souligne l'Express, « le souverain belge fit du Congo sa propriété privée. Près de dix millions d'hommes, de femmes

1. http://www.amisdelaterre.org/Publicite-energivore-et-dangereuse.html

et d'enfants en sont morts[1] » dans des conditions effroyables. De nombreux bras et mains ont été coupés à ceux qui n'avaient pas rapporté assez de latex de la forêt...

Les populations des différents pays, soumises par les armées coloniales, ont été contraintes de travailler et d'extraire gratuitement des matières premières agricoles, sylvicoles ou minières pour l'Europe. Quand ils se révoltaient pour retrouver leur indépendance, les massacres étaient terribles. À Sétif, Guelma et Kherrata en Algérie au cours de l'année 1945, après la victoire alliée, ce sont environ 15 000 Algériens qui ont été massacrés. À Madagascar, après une manifestation réclamant l'indépendance en 1947, près de 100 000 Malgaches ont été assassinés par la même armée française. Plus de cinquante ans après la révolte des populations kényanes qui demandaient leur indépendance, « Londres a finalement accepté en 2013 d'indemniser financièrement plusieurs milliers de Kényans, une soixantaine d'années après la répression sanglante de l'insurrection des Mau Mau[2]. »

Esclaves d'aujourd'hui

Des millions de paysans pauvres du Brésil se sont regroupés au sein du Mouvement des sans terre (MST) pour lutter contre les propriétaires des immenses fazendas. Ces grands propriétaires – possédant plusieurs milliers d'hectares – continuent à imposer leurs lois au monde paysan. On dit là-bas que *la terre est devenue prisonnière quand l'homme est devenu libre.*

Le vieux système de « l'esclavage pour dette », pourtant aboli dans une majorité de pays, a par endroit remplacé

---

1. http://www.lexpress.fr/informations/leopold-ii-saigneur-du-congo_631315.html
2. http://www.rtbf.be/info/monde/detail_kenya-londres-indemnise-des-victimes-de-sevices-a-l-epoque-coloniale?id=8012204

la traite négrière. Encore de nos jours au Brésil, le travailleur pauvre est embarqué vers la promesse d'un eldorado. Mais quand il arrive en Amazonie, on lui demande de rembourser le prix de son transport, de ses outils, et il gagne si peu qu'il doit aussi obtenir un crédit pour se nourrir à la boutique appartenant à son employeur. Constamment endetté, il est contraint de travailler comme un esclave, tels ces coupeurs de canne à sucre qui doivent toujours produire davantage et meurent parfois d'épuisement, afin d'assurer la production en bout de chaîne de l'éthanol, un carburant réputé propre !

Au Pakistan et en Inde, la dette se transmet de génération en génération et fabrique des captifs depuis longtemps. Pour éviter ce véritable esclavage, des paysans surendettés, originaires du Kerala, de l'Andhra Pradesh et d'autres États indiens se suicident, 275 000 en quinze ans selon Vandana Shiva. Pour se procurer chaque année des semences OGM très coûteuses et les engrais et pesticides indispensables à cette « révolution verte », ces paysans obtiennent des crédits. Une mauvaise récolte de coton empêche l'agriculteur d'acheter l'année suivante ces semences brevetées. La faillite est alors certaine. J'ai rencontré une jeune femme indienne dont le mari venait de se suicider dans l'État du Maharastra. Contrainte de vendre les terres familiales pour payer les dettes, elle vivait dans une cabane de branchages avec ses deux filles au bord d'un champ. Elle louait ses bras à un paysan voisin pour quelques roupies par jour, sans travail ni nourriture assurés pour le lendemain.

Les Muhammad Yunus (Grameen Bank) ou Jacques Attali (Planet Finance) ont tellement dit qu'ils sauveraient les pauvres en leur permettant de créer leur micro-entreprise avec le microcrédit que beaucoup les ont crus[1].

1. http://cadtm.org/Microfinance-surendettement-et et bien d'autres articles le site du CADTM (Comité pour l'annulation de la dette du Tiers-Monde) : cadtm.org.

Comme si le problème de la pauvreté n'était pas le résultat d'une guerre des riches contre les pauvres, et qu'il pouvait se résoudre par une meilleure allocation de fonds que celle que proposent les usuriers. Or, il y a loin entre le microcrédit social auto-organisé par les femmes et la microfinance qui permet à de grandes institutions financières privées un retour sur investissement de plus 20 %. Cette dernière s'adresse quasi exclusivement aux femmes car elles remboursent à près de 99 % leurs dettes, voire parfois en vendant leur corps.

Souvent contraintes par l'extrême pauvreté et la tentation de recourir à un emprunt pour nourrir leurs enfants, elles s'endettent. N'ayant pu investir dans un « petit business devenant grand », invention pour pousser à l'endettement, elles ne peuvent rembourser et sont alors contraintes de réemprunter ailleurs. Cette cascade d'emprunts et d'intérêts les enferre dans des remboursements impossibles. Poursuivies jusque chez elles par les employés brutaux des organismes prêteurs elles n'ont souvent plus d'autre solution que la mort ou la prostitution.

La recherche du profit et la compétition sont suicidaires, pour nous tous. Le partage des ressources, la sobriété dans leur utilisation, la coopération, autant pour la préservation de la nature aujourd'hui que pour les générations futures, sont des buts autrement plus enthousiasmants que l'accumulation primaire et sans limites de richesses matérielles. Selon le rapport Oxfam de janvier 2014 « près de la moitié (de la richesse du monde) est entre les mains des 1 % les plus riches, tandis que 99 % de la population mondiale se partagent l'autre moitié[1] ».

1. En finir avec les inégalités extrêmes, http://www.oxfam.org/sites/www.oxfam.org/files/bp-working-for-few-political-capture-economic-inequality-200114-fr_1.pdf

Le viol de l'imaginaire

Les civilisations indigènes d'Amérique et d'Afrique ont été en grande partie détruites par les Occidentaux. Sans oublier l'extermination des peuples indiens d'Amérique, sud et nord, des Maoris de Nouvelle-Zélande ou les situations tragiques vécues encore aujourd'hui par les Aborigènes en Australie. Actuellement les Adivasis en Inde, les peuples autochtones de Bornéo ou les Indiens d'Amazonie sont très durement attaqués par les pilleurs-extractivistes, multinationales et gouvernements, pour les richesses de leurs territoires : mines, terres et forêts.

Les missionnaires qui ont accompagné les conquêtes occidentales étaient là pour détruire les cultures animistes, étape indispensable pour que ces peuples adhèrent aux religions monothéistes et acceptent le vol et la dépossession de leurs richesses naturelles. « Les génocides sont universellement condamnés, mais les ethnocides, cette destruction du mode de vie d'un peuple, sont appelés "politiques de développement"[1] ! »

L'Église catholique au temps de l'inquisition a-t-elle fait autrement en Europe ? Les « sorcières », ces femmes qui étaient brûlées tentaient pourtant de faire survivre, face au totalitarisme chrétien, la diversité des religions polythéistes, des pratiques médicales traditionnelles à base de plantes et d'élixirs, etc. Des femmes ou parfois des hommes ont été assassinés pour avoir défendu la liberté de pensée ou les sagesses anciennes contre le patriarcat et le monothéisme catholique.

Le monde est encore aujourd'hui largement dominé par cette idéologie conquérante, patriarcale et extractiviste. L'accumulation sans limites se fait en déniant la finitude du

1. Wade Davis, *Pour ne pas disparaître : pourquoi nous avons besoin de la sagesse ancestrale*, Albin Michel, 2011 et www.bastamag.net/article1758.html

monde et le désir de bien vivre des peuples. David Harvey explique : « Le principe est que la tendance du taux de rendement du capital dépasse toujours le taux de croissance des revenus. C'est ainsi que le capital assure sa propre reproduction, quels que soient les inconvénients pour le reste d'entre nous. Et c'est ainsi que la classe capitaliste vit[1]. » On ne brûle pas encore les objecteurs de croissance, mais quels économistes, hommes politiques ou médiacrates ne les traînent pas, encore en 2014, dans la boue en les taxant d'arriérés prônant le retour aux cavernes et à la bougie ?

1. http://davidharvey.org/2014/05/afterthoughts-pikettys-capital/#more-1757

2.
L'asservissement des peuples par l'extractivisme et la dette

De Christophe Colomb à la fin de la Seconde Guerre mondiale

L'extractivisme transatlantique débute en 1492 avec le débarquement de Christophe Colomb sur l'île d'Hispaniola dans les Caraïbes. La chute de Constantinople en 1453, en fermant la route de la soie, contraint les Européens à chercher par la mer de nouvelles voies vers l'Asie et les amène à la découverte du « Nouveau Monde ». Les conquistadors espagnols et portugais s'emparent alors de toutes les richesses à leur portée. Recherchant avant tout l'or, ils ont pratiqué un extractivisme ultra-violent. Par cupidité et sous prétexte d'évangélisation, des peuples entiers ont été massacrés et des civilisations détruites.

L'extermination des trois millions d'indiens Arawak peuplant les Caraïbes se fera en quelques dizaines d'années, elle sera suivie de celle d'une grande partie des populations d'Amérique centrale et du Sud puis, quelques siècles plus tard, de celle des Indiens d'Amérique du Nord. Les Amérindiens n'ont pas accepté d'être forcés à travailler au profit des colons pour extraire l'or ou l'argent, ni à cultiver la canne à sucre et les autres produits destinés à l'exportation vers l'Europe, alors qu'ils vivaient depuis des millénaires sur ces îles. Pour les remplacer, les colons blancs ont acheté des esclaves venus d'Afrique et les ont soumis aux travaux forcés d'exploitation des ressources agricoles et minières.

La traite atlantique directe et le commerce triangulaire avec l'Europe se sont étendus sur trois siècles. Financés par la grande bourgeoisie européenne, les bateaux partaient des ports européens vers les côtes africaines chargés de verroteries, armes, alcools et textiles fins qu'ils échangeaient avec les rois africains contre des esclaves noirs. Après avoir vendu leur cargaison de « bois d'ébène » en Amérique latine, ils repartaient avec épices, tabac, coton, sucre et surtout métaux précieux (or, argent). Ce commerce lié à la traite cessa à partir de 1815 avec les premières indépendances sud-américaines. La Révolution française abolit l'esclavage une première fois en 1794, mais il faudra attendre 1848 pour voir son abolition presque définitive sous l'impulsion de Victor Schœlcher.

Le commerce triangulaire : un triple extractivisme

La déportation de dizaines de millions d'Africains arrachés à leur famille et à leur pays, vendus et transportés en Amérique par les Européens dans des conditions inhumaines, constitue la première extraction. L'exploitation du travail forcé des esclaves constitue la deuxième, et la troisième réside dans l'exportation vers l'Europe de ces produits, sans payer la moindre compensation aux pays et aux peuples colonisés ni en assumer les dégâts environnementaux. L'extractivisme, cette appropriation privée des « biens communs » de l'humanité, a dépossédé des populations autochtones tout d'abord au profit des colons, des armateurs et des financiers mais aussi au final à celui des populations européennes.

Le dramatique exemple de Haïti

L'histoire de Haïti est emblématique des conquêtes européennes sur tous les continents. La conquête de la planète par les Européens, puis par les États-uniens, peut être racontée en suivant l'histoire de l'extractivisme. Elle permet de comprendre aussi bien les richesses accumulées par une minorité d'individus au pouvoir aujourd'hui que la pauvreté du plus grand nombre.

L'île de Haïti a été dévastée en janvier 2010 par un très puissant tremblement de terre qui a provoqué la mort de près de 300 000 personnes, blessé le même nombre de gens, et laissé un million de sans-abri et d'énormes dégâts. Haïti, pays vulnérable aux catastrophes naturelles, avait été ravagé en 2008 par quatre cyclones causant d'immenses dégâts au secteur agricole et aux infrastructures. Pourquoi de tels désastres sont-ils si dramatiques alors que dans la Floride voisine, les mêmes événements ne provoquent au maximum que quelques dizaines de morts ?[1]

L'environnement dégradé par une surexploitation des richesses naturelles comme la déforestation provoquant l'érosion et l'éboulement des terres, ou l'économie du pays plombée par la corruption, conséquences d'un pillage organisé depuis plusieurs siècles, en sont les véritables causes.

> « Dans la province haïtienne de Cicao, où lui (C. Colomb) et ses hommes pensaient trouver de l'or en abondance, ils obligèrent tous les Indiens de quatorze ans et plus à collecter chaque trimestre une quantité déterminée d'or. Les Indiens (Arawak) qui remplissaient ce contrat recevaient un jeton de cuivre qu'ils devaient suspendre à leur cou. Tout Indien surpris sans ce talisman avait les mains tranchées et était saigné à blanc. [...] Les Indiens tentèrent bien de réunir une armée pour résister, mais ils avaient en face d'eux des Espagnols à cheval et en armure, armés de fusils et d'épées. [...] Les suicides au poison de manioc se multiplièrent au sein de la communauté Arawak. On assassinait les enfants pour les soustraire aux Espagnols. [...] Deux années suffirent pour que

1. Damien Millet, *Les tsunamis de la dette*, Syllepse, 2005.

meurtres, mutilations fatales et suicides réduisissent de moitié la population indienne de Haïti d'environ 250 000 personnes. [...] En 1515 il ne restait plus que 15 000 Indiens et 500 seulement en 1550[1]. »

Les premiers esclaves, de jeunes africain-e-s, arrivèrent en 1503 sur l'île d'Hispaniola. Les conditions de vie qui leur étaient imposées par les planteurs et les colons étaient si dures qu'ils ne vivaient en moyenne pas plus de neuf ans.

Après trois siècles, une série de révoltes et de guerres se produisit. Le corps expéditionnaire de Napoléon fut battu en 1803 par 400 000 esclaves auto-affranchis. La première république noire de tous les temps est proclamée en 1804 à Haïti. En 1825, le roi Charles X, au nom du remboursement des terres et des esclaves perdus par les maîtres blancs, proposa aux 400 000 Haïtiens le choix entre payer une rançon équivalente au budget annuel de la France forte de 30 millions d'habitants, ou perdre leur liberté face à un nouveau corps expéditionnaire surpuissant. Ils payèrent, en y consacrant jusqu'à 80 % de leurs revenus pendant plus d'un siècle, et payent encore. Ils dévastèrent les forêts et toutes les richesses naturelles de cette île qui était considérée comme la perle des Antilles, sans aucune possibilité d'engager un véritable projet économique.

Nous ne détaillerons pas les diverses invasions militaires des États-Unis, ni les soutiens occidentaux aux dictatures successives des Duvalier. Depuis 1825, le paiement de la rançon exigée par Charles X et ses successeurs, hypocritement appelée « dette », a profondément enfoncé ce pays dans la pauvreté et favorisé toutes les dérives politiques, telles que la corruption et la répression féroce par les Tontons macoutes. On considère qu'au moment de sa fuite de Haïti en 1986,

1. Howard Zinn, *Une histoire populaire des États-Unis de 1492 à nos jours*, Agone, 2003.

Jean-Claude Duvalier, alias Baby Doc, avait accumulé une fortune d'environ 800 millions de dollars, soit l'équivalent de la dette publique du pays.

En 2003, deux siècles après la libération du pays, le président Jean-Bertrand Aristide a réclamé officiellement à la France près de 21,7 milliards de dollars en « restitution et réparation ». Le 29 février 2004, il a été destitué par un coup d'État orchestré par les États-Unis avec l'appui de la France.

Aujourd'hui, la population dépend à 80 % des importations de riz américain subventionné. Il y a vingt ans, le pays était pourtant autosuffisant. Mais en 1995, quand le FMI a conditionné de nouveaux prêts de secours à la baisse des barrières douanières haïtiennes de 50 % à 3 % selon les produits, le pays a été inondé par ces aliments moins chers issus du dumping[1] agricole et commercial, laminant la production de riz sur l'île. En 2006 la subvention au riz états-unien était d'un milliard de dollars[2]. Un exemple flagrant d'une logique de conquête aux conséquences dramatiques pour la population. Contraindre un pays pauvre à importer des aliments en *dumping*, pour nourrir sa population appauvrie par le néocolonialisme, est insupportable. Le gouvernement en acceptant les exigences du FMI sacrifie la sécurité et la souveraineté alimentaire plus l'emploi. Les riziculteurs ruinés quittent leurs champs et vont grossir les bidonvilles de Port-au-Prince. Quand le prix du riz a plus que doublé en 2008, le piège du libre-échange s'est refermé devant les ventres affamés des populations incapables de le payer.

Après le drame du tremblement de terre de 2010, le grand projet néolibéral est d'agrandir les zones franches au profit des entreprises étrangères qui pourront y

1. Le dumping consiste à vendre un bien en dessous du prix de revient, notamment grâce à des subventions publiques créant une concurrence totalement déloyale.

2. http://www.oxfam.org/fr/news/2006/pr060901_wto_cotton_subsidies

produire sans payer d'impôts. Des Haïtiens sous-payés, traités comme des esclaves, confectionneront des vêtements à destination des pays nantis : maximisation des profits des multinationales par la minimisation des salaires. En 2012, selon le PNUD, 77 % des Haïtiens vivaient en dessous du seuil de pauvreté dans le pays le plus pauvre du continent américain.

Selon Camille Chalmers[1], la mission des Nations Unies pour la stabilisation en Haïti, la Minustah, avec plus de 10 000 hommes en armes depuis plus de 10 ans, a fait de l'île un laboratoire de l'ultralibéralisme. Ce processus de remilitarisation de la Caraïbe permet l'implantation de sociétés minières et de multinationales en tous genres, de complexes touristiques de luxe, le tout avec de grands profits. C'est aussi un moyen de contrôler l'espace électoral. Michel Martelly a été élu président en 2011, sans que les résultats ne soient jamais promulgués, avec un taux de participation avoisinant les 13 %. La présence de 10 000 ONG sur l'île s'inscrit dans la dynamique de l'exclusion des Haïtiens de l'organisation de leur espace public.

Aucune aide internationale n'arrive pour créer une agriculture vivrière capable d'alimenter la population haïtienne. Au contraire elle reçoit des cadeaux empoisonnés tels les « dons » de semences OGM faits par Bill Gates, grand actionnaire de Monsanto. Les « généreux donateurs » de semences brevetées exigent des agriculteurs qu'ils leur donnent en retour leurs semences paysannes, libres de droits, pour ensuite les détruire. Adaptées au terroir et au climat de l'île, ne nécessitant pas d'intrants chimiques ni d'être rachetées chaque année au prix fort, elles sont vues par les multinationales comme des armes de résistance à leur implantation et à leur monopole : peu importe si ce système appauvrira encore un peu plus la population.

1. Camille Chalmers, directeur de la PAPDA en Haïti, au FSM de Tunis en 2013.

La colonisation : une aggravation du pillage

Si la fin de l'esclavage, au cours du XIXe siècle, est une immense victoire pour les Afro-Américains, elle marque pourtant le début d'une nouvelle conquête de presque tous les continents par les armées européennes. Pour répondre à la croissance des besoins en matières premières issue de la révolution industrielle, le système capitaliste a besoin de nouvelles colonies.

Les Empires anglais et hollandais d'Asie se créeront dans une violence particulièrement féroce à l'abri d'un protectionnisme redoutable. Les manufactures textiles anglaises se perfectionnent par le vol des savoir-faire indiens, les manufactures de céramique et de textile hollandaises par le vol des procédés indonésiens. En Angleterre, le développement de ces industries se fera au détriment des peuples colonisés, obligés de vendre leur production cotonnière brute, et auxquels on interdisait d'exporter leurs produits manufacturés tout en les obligeant à acheter les produits finis anglais. Karl Marx écrit en 1853 :

> « Aucun doute n'est possible pourtant : les maux que les Anglais ont causés à l'Hindoustan sont d'un genre essentiellement différent et beaucoup plus profond que tout ce que l'Hindoustan avait eu à souffrir auparavant. L'Angleterre a en effet détruit les fondements du régime social de l'Inde, sans manifester jusqu'à présent la moindre velléité de construire quoi que ce soit[1]. »

La France crée un empire colonial en Afrique (nord, ouest et centre) et en Asie. Elle s'approprie les productions agricoles et forestières par le travail forcé des peuples soumis, ainsi que toutes les autres ressources minières nécessaires à son hégémonie et à son développement industriel.

---

1. http://www.lutte-ouvriere.org/documents/archives/cercle-leon-trotsky/article/l-inde-de-l-exploitation-coloniale-6375

Le roi Léopold II de Belgique fera du Congo sa propriété personnelle, tirant d'immenses profits de l'ivoire et surtout du « caoutchouc rouge », couleur sang, pour les pneus des premières voitures européennes. C'est avec une violence meurtrière dépassant le pire imaginaire que ce petit roi blanc a pillé cet immense pays.

Ceci ne doit pas laisser croire que Français, Anglais ou d'autres Européens ont colonisé sans travail forcé ni tueries. La conférence de Berlin en 1885 avait marqué le départ de la ruée sur l'Afrique et officialisé le partage du continent. Après l'immense ponction faite par l'esclavage, cette période brisera en moins d'un siècle et pour longtemps le développement culturel et économique de ce continent à l'histoire si riche et aux cultures tellement extraordinaires.

Après les indépendances, mise en place du « système dette »

Les dettes illégitimes et odieuses permettront de soumettre rapidement les économies de ces nouveaux pays aux injonctions de la BM du FMI. Ainsi leurs économies seront-elles encore administrées, bien que de manière moins visible, par les pays du Nord pour le plus grand profit de leurs multinationales. L'extractivisme colonial va donc se dissimuler sous le masque d'une indépendance qui se révélera dans bien des cas n'être qu'un leurre.

Les décideurs politiques se montrant trop affranchis des volontés de leurs anciens maîtres seront assassinés ou destitués par les services secrets du Nord (États-Unis, Europe et particulièrement France avec le réseau Foccart). La mort criminelle de Patrice Lumumba, premier ministre du Congo ex-Belge, organisée en 1961 par la CIA et la Belgique, en est un exemple emblématique. Il est loin d'être le seul.

Néocolonialisme, Banque Mondiale, Fonds Monétaire International

Entre 1947 et les années 1960, les peuples asiatiques et africains parviennent, par leur résistance, à obtenir leur indépendance. Après l'esclavage et la colonisation armée, le néocolonialisme est la troisième forme de servitude subie par les pays dits « du tiers-monde ». Les moyens changent, mais l'impérialisme qui consiste à s'approprier dans des conditions scandaleuses les ressources végétales, minérales et fossiles de ces pays se perpétue et même s'aggrave. La dette financière illégitime, après les conquistadors, l'esclavage organisé et la période coloniale, est le dernier cran du système à cliquet de la conquête capitaliste qui limite la liberté politique et économique des peuples, à chaque fois un peu plus étroitement.

Après la Seconde Guerre mondiale, Washington a opportunément oublié que son territoire était une emprise coloniale sur celui des peuples amérindiens. En fondant la BM et le FMI en 1944 à *Bretton Woods*, avec le soutien des grandes puissances occidentales, les États-uniens ont mis en place, sous l'influence de leurs banquiers, des outils essentiels à la poursuite de leur conquête du monde.

La BM avait pour rôle de financer les reconstructions européennes d'après-guerre et le développement des pays du Tiers-monde. Or, avec le plan Marshall, ce sont les États-Unis qui financent la reconstruction européenne afin d'offrir des débouchés aux productions de leurs entreprises. En 1947, sans respect de ses statuts lui interdisant toute intervention politique dans le pays aidé, la BM refusait de verser un prêt à la France tant que les communistes étaient au gouvernement. Quelques jours après leur éviction, elle débloquera les fonds. Avec son président Robert Mc Namara (1968-1981), ancien directeur de Ford, elle augmentera fortement ses prêts vers les pays aujourd'hui dits hypocritement « en développement », les PED. En se mettant au service d'un capitalisme de conquête, la BM devient l'outil d'une géostratégie globale : mise à disposition des ressources naturelles de ces pays au profit des investisseurs-pilleurs occidentaux et application de la doctrine du *containment*[1] dans les pays du tiers-monde. La banque soutient activement des dictateurs pour lutter contre l'influence soviétique. Mobutu au Zaïre, la junte militaire au Brésil ou le général Suharto en Indonésie recevront des prêts qu'ils détourneront en grande partie pour eux-mêmes et leurs affidés, ainsi que pour mater leurs opposants, endettant lourdement leur pays pour des décennies. La lutte contre le communisme coûta la vie à des centaines de milliers d'opposants indonésiens[2].

La BM et le FMI participent aussi activement au surendettement des pays du Sud et à la corruption de leurs dirigeants par le financement d'« éléphants blancs » ou de grands projets inutiles, d'immenses barrages, d'extraction d'énergies fossiles, de voies ferrées, de ports, de dépenses de prestige, etc. Participer au développement de l'autonomie des pays du Sud dans le but d'améliorer la vie des populations n'est pas dans les objectifs de la BM. Le développement qu'elle soutient activement est au contraire extractiviste et exportateur pour les PED. Il participe à l'enrichissement de la classe des prédateurs capitalistes, qu'ils soient du Nord ou du Sud, au détriment des populations dépossédées. Ne nous laissons pas tromper par une communication mensongère et une utilisation des mots comme « développement » ou « bonne gouvernance » à l'opposé de ce que tout un chacun croit comprendre. L'idéologie dominante sait manier l'art de la sémantique : la « bonne gouvernance », prônée par la BM pour les PED, est une expression d'origine managériale. Elle est

1. L'endiguement de l'expansion du communisme après la guerre.
2. Les informations données ici sont tirées du livre d'Éric Toussaint, *Banque mondiale : le coup d'état permanent*, Syllepse 2006.

en opposition avec « une bonne démocratie ». La « bonne gouvernance » pour la BM veut dire rembourser les dettes illégitimes et privilégier l'extractivisme.

Ces deux institutions, FMI et BM ont un fonctionnement non démocratique, les pays de la Triade y détenant la majorité absolue. Avec 65 millions d'habitants et 4,3 % des droits de vote, la France a plus de voix que la Chine ou l'Inde. Le FMI comme la BM favorisent les pays de la Triade dans le partage international des matières premières. En 2007, la Chine a signé « le contrat du siècle » avec la RDC : un investissement de neuf milliards de dollars dans les infrastructures du pays en échange de quatorze milliards de dollars de cuivre et de cobalt à exploiter pendant des décennies. Après un chantage à l'effacement de la dette de la RDC, le FMI a obtenu la révision de ce contrat. L'enjeu des pays de la Triade « est de garder la mainmise sur les ressources naturelles de la RDC en utilisant l'alibi de la dette et du très à la mode "climat des affaires"[1] ». Les BRICS, ou pays émergents réunis à Fortaleza au Brésil en 2014 « cherchent à créer un système alternatif aux institutions dominées par les nations occidentales, FMI et BM[2] ».

La dette publique « odieuse » ou « illégitime »

Le coup d'éclat de la BM au moment des indépendances, dans les années 1960, sera d'imposer à de jeunes « démocraties » la charge du remboursement des emprunts contractés auprès d'elle par les pays colonisateurs : c'est son premier grand crime contre les peuples. Ainsi, elle a imposé au jeune Congo le remboursement des emprunts contractés auprès d'elle par la Belgique afin d'en extraire

1. http://www.cadtm.org/Les-dessous-de-l-allegement-de-la?debut_articles_mot=60
2. http://abonnes.lemonde.fr/economie/article/2014/07/14/les-brics-veulent-defier-l-hegemonie-du-fmi_4456761_3234.html

plus facilement les richesses. L'aide au financement d'un port en eau profonde, d'une route ou d'une voie ferrée destinée à transporter des minerais ou d'autres matières premières exportées sans transformation locale, doit-elle être assumée par le pays qui n'en a aucunement profité ? La BM met en place le premier levier du néocolonialisme : la « dette publique », qui est très largement odieuse.

La dette odieuse, cette doctrine du droit international énoncée par Alexander Nahum Sack en 1927 à la suite de l'affaire de Cuba en 1898[1], a fait jurisprudence et a été appliquée à plusieurs reprises dans l'histoire. Une dette publique n'a pas à être remboursée si elle n'a pas profité à la population, si elle n'a pas été créée/contractée avec son consentement et si le prêteur a accepté d'apporter les fonds en connaissant l'absence de ces deux éléments du contrat de prêt liant le prêteur et l'emprunteur. Or ce dernier est le peuple, celui qui remboursera in fine. Si une dette contractée pour des investissements socialement utiles (écoles, hôpitaux, routes, ponts, etc.) est parfaitement légitime, celles datant de la période coloniale sont odieuses, et ne doivent en aucun cas être payées par le gouvernement d'un pays ayant accédé à l'indépendance.

Que penser d'une institution qui emprisonne une personne pendant des dizaines d'années pour une faute non commise, la fait travailler gratuitement, et lui réclame, lors de sa remise en liberté, les frais de son séjour en prison plus les intérêts ? C'est ce qui s'est passé avec la dette coloniale, qui n'a pas de base juridique légale et n'a pas à être remboursée. Cependant, le rapport de force entre les États a permis aux pays industrialisés d'imposer ce remboursement illégal aux pays du Sud. Et cela en violation du droit

1. Après la défaite en 1898 de l'Espagne à Cuba face aux États-Unis, le gouvernement espagnol avait demandé aux Cubains le remboursement des emprunts faits par ce pays alors qu'il était sous sa domination. Les États-Unis avaient alors refusé pour cause de dette odieuse.

international et des différentes chartes des Nations Unies qui font primer le droit à une vie digne sur le droit des créanciers. Dès les premières indépendances, le nœud coulant de la dette leur était passé autour du cou, le moment propice pour le serrer viendrait plus tard.

Après 1950-1960, prêts biaisés et corruption, leviers du néocolonialisme

À la fin de la période coloniale en Afrique, les nouvelles bourgeoisies des pays indépendants parviennent au pouvoir avec le soutien des anciennes métropoles pour poursuivre les politiques extractivistes menées précédemment. Elles y trouvent bien sûr un intérêt personnel puisque la corruption est le lubrifiant du mécanisme de dépossession des peuples. La dette en sera le carburant. Pour maintenir l'exploitation quasiment gratuite des matières premières indispensables au maintien de la puissance et au développement des industries des pays du Nord, de nouveaux prêts seront accordés au Sud et détournés en grande partie par la majorité des nouveaux dirigeants et de leurs affidés.

La catastrophe sanitaire pour les populations irradiées d'Arlit au Niger, soumises à un régime dictatorial presque continu depuis l'indépendance en 1960 de ce pays, où Areva-Cogema exploite le minerai d'uranium depuis plus de quarante ans, en est un exemple parmi tant d'autres[1]. La quasi-totalité des transnationales extractivistes ont construit leur puissance et leur richesse sans respecter les travailleurs et l'environnement. Alain Deneault écrit,

> « Le Canada appuie politiquement et financièrement des sociétés minières et pétrolières canadiennes qui exploitent le sol africain, enregistrent des profits colossaux, principalement à la Bourse de Toronto, alors que des sources sérieuses leur

1. www5.ensp.fiocruz.br/biblioteca/dados/txt_991978503.ppt.

attribuent les pires abus en Afrique : guerres sanglantes dans la région des Grands Lacs africains, mineurs enterrés vifs en Tanzanie, empoisonnement massif et "génocide involontaire" au Mali, exploitations brutales au Ghana, barrages hydroélectriques dévastateurs au Sénégal, privatisation sauvage du transport ferroviaire en Afrique de l'Ouest, sans tenir compte des impacts sur l'environnement et sur les équilibres sociaux[1]. »

En bout de course, ce sont les peuples qui remboursent avec la TVA – impôt indirect particulièrement injuste imposé par le FMI – et subissent la perte des services publics. Une part de ces prêts ira dans des constructions de projets pharaoniques, réalisés par les multinationales du Nord pour leur plus grand profit. La construction de la basilique Notre-Dame de la Paix à Yamoussoukro en Côte d'Ivoire, village natal de Félix Houphouët-Boigny, est emblématique. Plus grande que la basilique Saint-Pierre de Rome, elle fut une très bonne opération, en 1990, pour la société française Dumez, aujourd'hui filiale de Vinci. Une autre part a servi à développer les infrastructures nécessaires à l'extraction des matières premières destinées à l'exportation, sans transformation. Le barrage d'Inga en RDC, la centrale à charbon de Medupi en Afrique du Sud en sont des illustrations.

Dès lors, on comprend mieux pourquoi les peuples des pays les plus riches en matières premières, tels la RDC, la Zambie, le Niger, le Nigeria, le Gabon, certains pays d'Amérique du sud... sont parmi les plus pauvres de la planète. Ils subissent ce que l'on nomme la « malédiction des ressources naturelles[2] » ou « le paradoxe de l'abondance ». L'exportation des richesses naturelles à l'état brut n'offre pas de réel travail – le peu qu'il offre ce fait dans des conditions inhumaines – ni ne participe à l'industrialisation des

1. Alain Deneault, *Noir Canada, corruption et criminalité en Afrique*, Écosociété, 2008.
2. www.oxfamfrance.org/Malediction-des-ressources,799

pays et pousse à des pratiques rentières, comme ce fut le cas de l'Espagne il y a quelques siècles ou sur l'île de Nauru aujourd'hui avec le phosphate[1]. Le néo-extractivisme pratiqué par les nouvelles démocraties sud-américaines maintient pourtant ces pays dans une économie globalisée au service d'un capitalisme prédateur, pourtant opposé aux politiques sociales de leurs gouvernements et aux volontés égalitaires de leurs peuples.

Politique de soumission des pays du tiers-monde

La BM a encouragé les détournements effectués par les dictateurs du monde entier. Le rapport officiel rédigé par Erwin Blumenthal en 1982 sur le Zaïre, aujourd'hui RDC, démontre l'existence de faits de corruption. Pourtant la BM a encore augmenté ses prêts au régime Mobutu après cette date. Elle prêta aussi au régime raciste d'Afrique du Sud, malgré l'embargo de l'ONU. Avoir les mains couvertes du sang des résistants des *townships* à l'*apartheid* n'empêche pas la BM de continuer à prêter, au profit de l'expansion internationale du capitalisme occidental[2].

Son implication dans la gestion du « fonds vert » de 100 milliards de dollars par an créé à Copenhague en 2010, destiné à permettre aux PED de s'adapter au réchauffement climatique, est une nouvelle mission au service de l'oligarchie mondiale. Le verdissement du capitalisme a pour but de lui donner bonne figure pour qu'il puisse continuer à piller les ressources naturelles indispensables à son fonctionnement. À Rio en 2012, vingt ans après le premier sommet de la terre destiné à stopper le réchauffement climatique, on parle de donner un prix aux services

1. Le plus grand taux d'obésité au monde, le phosphate quasi disparu, des milliardaires devenus mendiants. http://www.arte.tv/fr/nauru-la-malediction-du-phosphate/2483346,CmC=2483348.html
2. Éric Toussaint, *Banque mondiale, le coup d'État permanent*, Syllepse, 2006.

écosystémiques. Rien de moins que faire de l'« extractivisme écologique », à l'aide d'un maquillage éco-développementiste. Ainsi les plus pauvres, qui subissent déjà durement les conséquences du réchauffement, ne pourront, au mieux, que s'adapter, avec l'aide dévoyée de la BM, à une détérioration du climat dont ils ne sont pas responsables. Cesser de dégrader le climat est hors d'atteinte d'un système fondé sur une croissance poussant à toujours plus d'extractivisme, externalisant ses coûts négatifs humains et écologiques, au nom du seul profit.

La BM ne prête pas à un PED pour qu'il s'industrialise et transforme localement ses propres ressources naturelles. Elle favorise au contraire les exportations de ses matières premières à l'état brut au nom du remboursement de sa dette et l'importation de denrées agricoles en dumping. De la même manière, la BM n'a que très peu investi dans le développement de l'agriculture paysanne qui aurait pourtant permis d'éviter de nombreuses famines, y compris celle ayant sévi en 2011 dans la corne de l'Afrique.

Écouter les médias dominants à ce sujet est consternant : hormis les appels à la charité, jamais une tentative d'explication de fond ou de remise en question de notre système de domination politique et économique. En effet, une agriculture vivrière solide dans les PED aurait diminué l'attrait pour les produits agricoles du nord subventionnés (blé, maïs, riz, viande) et les intrants occidentaux (semences modifiées, engrais, pesticides). Mais il ne faut pas toucher aux marchés de l'agrobusiness international. Au nom du « développement », la BM impose donc aux PED une économie primaire fondée sur l'extractivisme et l'exportation de produits bruts pour le plus grand profit des multinationales, les industries de transformation et services du Nord.

C'est donc une politique de soumission et d'appauvrissement des pays du tiers-monde au profit de l'enrichissement des pays industrialisés qui est menée depuis plus d'un demi-siècle par la BM.

Un exemple d'ingérence de la Banque mondiale : le Chili des années 1970

En 1970, le peuple chilien porte à la présidence le socialiste Salvador Allende, qui nationalise les mines de cuivre, la principale richesse du pays. Washington va tout faire pour l'en empêcher avec l'aide financière d'ITT[1]. La BM ne fait aucun prêt au Chili pendant les trois ans de la présidence Allende. Le 11 septembre 1973, le coup d'État de Pinochet orchestré par la CIA, aboutit à la mort du président, à des assassinats et à des tortures de masse. L'argent international coule aussitôt à flots, de très gros prêts sont accordés à Pinochet par la BM et le FMI. Les *Chicago boys*, les économistes de Chicago, élèves de Milton Friedman, débarquent à Santiago. Le Chili devient le laboratoire d'un ultralibéralisme brutal. Au début des années 1980, l'inflation galope et le chômage atteint les 30 %. C'est un cas d'école pour le reste du monde. Les souffrances infligées à la population sont très dures, la répression policière est sauvage.

Dans son ouvrage La stratégie du choc, Naomi Klein[2] met bien en lumière les processus de ce capitalisme sauvage. Quand une catastrophe ou un événement brutal (choc) aux conséquences économiques graves se produit, les gouvernements néolibéraux, profitant de l'état de sidération de la population, font avancer leur programme en prenant des mesures économiques réactionnaires et antisociales.

1. ITT, *International Telegraph and Telephone*, conglomérat états-unien créé en 1920 et qui étendait son empire sur l'Amérique du sud. Un membre du conseil d'administration d'ITT, ex-directeur de la CIA, promet un million de dollars supplémentaire au président des EU, Nixon, en échange d'une « mise hors d'état de nuire » du nouveau président socialiste. Anaconda Copper (société productrice de cuivre) et d'autres sont impliquées.
2. Naomi Klein, *La stratégie du choc, la montée d'un capitalisme du désastre*, Actes Sud, 2008.

L'ouragan Katrina en 2005 à La Nouvelle Orléans a été dévastateur pour les populations noires. Mais l'absence de mesures prises par le gouvernement américain pour les aider à la fois en termes de secours immédiat mais aussi de reconstruction est d'une violence incroyable.

> On parle déjà de transformer certains des quartiers les plus défavorisés situés au-dessous du niveau de la mer, comme le Lower Ninth Ward, en bassins de rétention destinés à protéger les quartiers les plus riches. « Ce qui empêcherait certains des habitants les plus pauvres de la ville de jamais se réinstaller dans leurs quartiers »[1].

L'extractivisme après les années 1980

Le retour du FMI au centre de l'échiquier se fait au moment de la grande crise de la dette des PED, au début des années 1980 quand les banques créancières, risquant la faillite, en font le prêteur en dernier ressort. Le FMI ne jouera jamais son rôle de prévention des crises, que ce soit en Asie du Sud-est ou en Russie dans les années 1990, et encore moins lors de la crise de 2007-2008. À chaque fois il permet aux banques internationales d'être remboursées de leurs investissements risqués en faisant porter sur les populations le poids des nouvelles dettes créées pour réparer ces crises.

Sitôt arrivés au pouvoir, respectivement en 1979 et 1981, Margaret Thatcher et Ronald Reagan appliquent avec enthousiasme les idées de Friedrich Von Hayek et Milton Friedman, les grands penseurs du néolibéralisme. La phrase emblématique de ce virage sera prononcée par Reagan en 1981, « Le gouvernement n'est pas la solution à notre problème, l'État est le problème ». Pourtant sans

1. Mike Davis http://1libertaire.free.fr/MikeDavis03.html

l'intervention des États, la majorité des banques occidentales auraient fait faillite après 2008. L'idéologie néolibérale est à géométrie variable !

Après le test Chilien, tout est mis en œuvre pour étendre le système ultralibéral à l'ensemble de la planète. Les traits essentiels de cette idéologie, nommée « Consensus de Washington », sont : le désengagement de l'État de l'économie, la privatisation massive des entreprises publiques, la dérégulation financière, la suppression des barrières douanières, la réduction des impôts directs sur les hauts revenus au profit d'une augmentation de la TVA très lourde pour les petits revenus, la réduction des budgets sociaux et des services publics. Avec l'aide du trio infernal FMI-BM-OMC, les pays industrialisés imposent progressivement au monde entier le libre-échange. Historiquement, ce système a toujours profité aux économies du centre, les plus puissantes, au détriment de celles de la périphérie. La domination de l'économie allemande sur les pays du sud de l'Europe, une décennie après la création de la Zone Euro, en est une illustration saisissante.

Le libre-échange serait donc le seul moyen d'apporter la prospérité au monde entier ! En effet, les penseurs de l'ultralibéralisme affirmaient que l'effet de ruissellement, ou trickle down effect[1], allait améliorer la vie de tous. La fortune de quelques-uns ne devait pas être regardée comme une injustice, mais comme une source de richesse pour les autres. Selon Helmut Schmidt en 1974 « Les profits d'aujourd'hui sont les investissements de demain et les emplois d'après-demain. » Il s'agit de l'une des plus grandes escroqueries idéologiques de l'ultralibéralisme. Si l'on suit cette logique, l'accumulation des fortunes colossales des grandes

1. Selon cette théorie économique, plus les riches font fortune, plus ils peuvent investir, créant ainsi des opportunités aux travailleurs pour s'enrichir à leur tour. Les investissements des détenteurs de capitaux étant depuis une dizaine d'années et dans 95 % des cas à but spéculatif, l'effet de ruissellement ne peut pas exister.

familles ne serait donc pas le résultat du pillage continu des ressources naturelles, humaines et financières consolidées par le droit des successions, mais la conséquence d'un dur travail honnête et courageux. Trois milliards de pauvres attendent toujours les retombées de l'enrichissement croissant de l'oligarchie. La majorité des économistes sérieux reconnaissent aujourd'hui qu'il s'agissait là d'une erreur, pourtant responsable des inégalités stratosphériques aussi bien entre le Sud et le Nord qu'entre les pauvres et les riches au sein d'un même pays. Pour autant rien ne change, le nombre des milliardaires en dollars augmente beaucoup plus vite que la croissance du PIB mondial.

En 1979, une décision unilatérale d'augmentation du *Prime rate* états-unien – taux d'intérêt de référence – prise par le secrétaire au Trésor états-unien Paul Volcker, précipite les PED dans la grande crise de la dette. Cette décision, bien éloignée du laisser-faire néolibéral, se répercute sur les taux des prêts octroyés à ces pays, taux qui étaient variables et indexés sur les taux anglo-saxons. Les conséquences pour les peuples du Sud sont terribles : le nœud coulant de la dette se serre brutalement.

Années 1980, la grande crise de la dette des PED volontairement aggravée

Pendant la période 1960-1979, les taux d'intérêt demandés n'étaient pas toujours supérieurs au taux d'inflation et les pays nouvellement indépendants avaient besoin d'emprunter pour se reconstruire. Les banques, pleines des eurodollars du plan Marshall et des pétro-dollars des émirats du Golfe persique après le choc pétrolier de 1973, avaient besoin de prêter. En prenant en compte l'inflation, les taux d'intérêt réels variaient alors autour de zéro. Un prêt à un taux de 10 %, quand la perte de valeur de la monnaie se situe autour de 10 % par an, entraîne une gratuité de fait de la location d'argent : les intérêts payés sont annulés par le jeu de l'inflation[1]. Bien sûr, cela ne semblait pas très intéressant pour les banquiers occidentaux, sauf pour ceux qui savent attendre. La montée brutale du *Prime rate* avec l'indexation des intérêts payés par les PED, plus les prêts de secours du FMI, ont retourné la situation. Son relèvement rapide de 5 % à plus de 18 % par Paul Volcker en 1979 a eu des répercussions très brutales. Les intérêts exigés par les banques privées triplent alors que dans le même temps les cours des matières premières amorcent une baisse qui durera plus de 20 ans. En août 1982, le Mexique, dans l'incapacité d'assurer ses remboursements, sera le premier d'une longue liste à faire appel au FMI. Le piège de la dette s'ouvre devant les PED, c'est le FMI qui en referme les mâchoires.

Ne pas enfoncer les peuples du tiers-monde dans la pauvreté pour quelques décennies supplémentaires aurait été possible pour le FMI et les gouvernements des pays de la Triade. Il suffisait de laisser jouer le marché en conformité avec l'idéologie néolibérale. Leurs actionnaires auraient alors assumé les risques qu'elles avaient pris en prêtant sans garanties suffisantes.

Quant aux gouvernements des PED, ils auraient pu « invoquer l'état de nécessité ou/et le changement fondamental de circonstances pour stopper unilatéralement le paiement de leurs intérêts. Ces dispositions juridiques sont inscrites dans la Convention de Vienne de 1969 sur le droit des traités et dans de nombreuses législations nationales[2] ».

1. En effet, si vous empruntez 10 000 dollars à un taux de 10 % vous devez rembourser au bout d'un an le capital emprunté plus 1 000 dollars d'intérêts. Quand l'inflation annuelle est de 10 % ces 11 000 dollars remboursés auront perdu 10 % de leur valeur en pouvoir d'achat, mesuré en quantité de blé, de beurre ou de viande par exemple. Votre revenu indexé sur l'inflation aura augmenté de 10 %, ou le prix des marchandises que vous vendez aura été réévalué de 10 % pour faire face à cette érosion monétaire.
2. http://cadtm.org/Le-droit-de-desobeir-aux

C'est pourtant l'inverse qui s'est produit. Comment accepter que ce soit les riches banquiers du Nord qui aient été sauvés de leurs pertes financières par les prêts de secours du FMI ? Cette institution, en priorisant les remboursements de dettes majoritairement illégitimes, a imposé aux gouvernements du tiers monde l'écrasement économique de leurs peuples. Pourquoi ne se sont-ils pas battus sur le plan du droit en s'appuyant sur les traités internationaux, pour refuser de se soumettre aux créanciers ?[1] On est là au cœur du système dette dont la corruption des élites gouvernantes est un élément essentiel. Sous les injonctions des Institutions financières internationales (IFIs) et des gouvernements des pays industrialisés, les décideurs du Sud ont consenti à l'inacceptable au plan des droits humains et économiques. Ceux qui s'y sont opposés ont été destitués ou assassinés tel Thomas Sankara en 1987. Trois mois avant de mourir, il disait devant l'OUA (organisation de l'union africaine), « Non, nous ne pouvons pas être complices, non, nous ne pouvons pas accompagner ceux qui sucent le sang de nos peuples et qui vivent de la sueur de nos peuples, nous ne pouvons pas les accompagner dans leur démarche assassine. »

Conséquences des dettes financières illégitimes dans les PED

Le surendettement est le levier utilisé par les détenteurs de capitaux pour imposer aux PED des politiques ultralibérales, à travers les conditionnalités et directives du FMI et de la BM, toujours liées à l'obtention de nouveaux prêts.

1. La Charte de l'ONU de 1945, la Déclaration universelle des droits de l'homme de 1948, les deux Pactes de 1966 sur les droits économiques, sociaux et culturels (PIDESC) et sur les droits civils et politiques (PIDCP) ou encore la Déclaration sur le droit au développement de 1986.

Elles les infligeront à de nombreux gouvernements, sans l'accord des populations, sous le nom de plans d'ajustement structurel (PAS). Leurs impacts ont été et demeurent catastrophiques sur la vie des populations.

Les plans d'austérité appliqués en Europe sont similaires à ces PAS qui frappent le Sud depuis trente ans. Si les citoyens des pays occidentaux n'ont pas vu l'impact de ces PAS sur les populations appauvries des PED par manque d'informations et de moyens de comparaison, vu la différence incroyable de niveau de vie, il suffit qu'ils regardent ce qui se passe en Grèce depuis trois ou quatre ans pour comprendre l'escroquerie des politiques d'austérité, semblables au PAS. La priorité a été constamment donnée au remboursement de la dette et au sauvetage des banques indépendamment des conséquences sociales ou environnementales. « 77 % des fonds du plan de “sauvetage” de la Grèce sont allés à la finance[1]. »

Pas question pour les créanciers d'accepter que soit posée la question des causes réelles des dettes, et encore moins celle de leur légitimité, sans compter celle de leur légalité ou de leur caractère odieux. La dette est, pour le système capitaliste, un levier central de l'extractivisme. De plus, son remboursement est une manne financière colossale. Je me souviens d'une conférence dans les locaux d'Agritech en 2005 à Paris. Ramon Fernandez – devenu directeur du Trésor public français en 2013 –, confronté aux questions précises de Damien Millet sur l'illégitimité de la dette des PED, répondait : « Une dette doit être remboursée ». La seule question qui vaille est finalement celle des moyens permettant d'assurer le paiement des échéances. La réponse de la BM et du FMI se résume en quelques mots : austérité, compétitivité, et libre-échange. Remboursement des intérêts et bénéfices garantis pour les détenteurs de capitaux, catastrophe sociale assurée pour les populations.

1. Olivier Vilain, *Les Z'Indignés*, n° 6, août 2013.

Un « PAS » ou la faillite !

Comme nous l'avons vu, pour rembourser leurs dettes libellées majoritairement en devises (dollars, monnaies européennes, yens, etc.), les PED ont été contraints de se spécialiser dans l'exportation de produits agricoles, de bois précieux, de minerais, de pétrole, de métaux rares, de poissons, etc.

La Zambie, par exemple, est un des plus importants exportateurs de cuivre. Ce métal, dont les ressources mondiales sont limitées, est pourtant aussi indispensable au fonctionnement de l'économie et au confort des populations du Nord que le pétrole. Pourtant la grande majorité des Zambiens vivent dans une immense pauvreté pendant que le Suisse Glencore, qui exploite la grande mine de Mopani, se comporte en mafieux, pollue les populations et rafle des milliards de dollars de profits[1].

Les conditions imposées par les PAS aboutissent à une forte limitation des dépenses. Ainsi la santé, l'éducation, les infrastructures, tous les services publics qui commençaient enfin à se développer dans ces pays nouvellement indépendants, ne sont plus financés qu'avec les miettes des budgets publics. Les biens de première nécessité ne sont plus subventionnés. Le Congo belge, par exemple, colonisé pendant quatre-vingts ans, n'avait formé que quelques dizaines de bacheliers[2]. Entre 30 et 50 % des budgets de ces pays ont été réservés, au cours des dernières décennies, au service des dettes très majoritairement illégitimes ou odieuses[3]. De plus, en échange de nouveaux prêts, le libre-échange et la liberté de mouvement des capitaux leur

1. Alice Odiot et Audrey Gallet, *Zambie, à qui profite le cuivre ?*, documentaire, 2011, prix Albert Londres.
2. Éric Toussaint, *La bourse ou la vie, la finance contre les peuples*, Syllepse, 1999.
3. Damien Millet et Éric Toussaint, *La dette ou la vie*, Aden, 2011, p. 326.

sont imposés et les grandes entreprises publiques (mines, transports, banques, etc.) doivent être bradées aux capitaux privés internationaux.

Le FMI « nouveau », celui des directeurs français, Dominique Strauss-Kahn puis Christine Lagarde, prétend avoir changé. Devant la réalité du monde et les graves faillites du développement, il lui est en effet impossible d'affirmer que les politiques économiques qu'il a imposées ont apporté des solutions justes et durables. Les concepts sont changés, tels ces Documents de Stratégies pour la Réduction de la Pauvreté (DSRP), que les pays en difficulté doivent rédiger eux-mêmes en accord avec le FMI. Pourtant, la logique reste la même : servir l'intérêt des créanciers et des grandes puissances au détriment des peuples. Et en cas de crise, le FMI, appelé à la rescousse tel un pompier-pyromane, est mis au centre de l'échiquier mondial par les dirigeants des pays du Nord, pour imposer cette austérité dramatique. La « bonne démocratie », est un concept inconnu à la BM et au FMI. Cela consisterait à reconnaître leurs échecs, à se dissoudre, et à faire payer les actionnaires des banques, plutôt que les peuples.

Les PED se trouvent donc enfermés dans une dette sans fin puisque, plombés par une austérité qui mine leur économie, ils sont contraints d'emprunter pour rembourser les emprunts précédents. Tout cela correspond à un plan simple, les obliger à faire appel à des investissements directs étrangers, les IDE, pour développer l'extractivisme. Ainsi minerais, forêts, réserves halieutiques, produits agricoles seront exportés bruts, avec des retours financiers très faibles pour les pays exportateurs. De plus, cette spirale infernale de l'endettement provoque un effet « boule de neige » : quand les taux d'intérêt des prêts sont plus élevés que le taux de croissance de l'économie le stock de la dette ne peut qu'augmenter et donc la somme des intérêts à payer aussi. À cela il faut ajouter les intérêts d'emprunts multiples et la baisse des rentrées fiscales dus à la diminution de l'activité économique. Un coup d'éponge est alors indispensable à intervalles réguliers. Ils l'ont nommé l'Initiative pour les pays pauvres très endettés (IPPTE). Cela consiste à annuler la partie de la dette que les pays surendettés étaient de toute façon incapables de payer.

Tant que le pillage extractiviste et la corruption dominent, ces petites concessions des prêteurs servent surtout à empêcher les pays de stopper leurs remboursements. Il faut les maintenir connectés à l'économie dominante. De plus les banques, les États et les IFIs gagnent beaucoup avec les intérêts des dettes des PED. « Le transfert net, les remboursements moins les dons et les prêts, est très favorable aux pays industrialisés et aux banques du Nord. Entre 1985 et 2009, il a été proche de 666 milliards de dollars, du Sud vers le Nord[1]. » À titre de comparaison, les dons du plan Marshall pour la reconstruction de l'Europe après 1947 se montaient à 100 milliards de dollars réactualisés, près de sept fois moins. Ainsi va l'extractivisme et la dette au Sud. Mais qu'en est-il au Nord ?

Extractivisme et dette dans les pays de la Triade

Pourquoi parler d'extractivisme dans les pays du Nord, aux économies majoritairement tertiaires et pour lesquels les ressources naturelles (agriculture, forêts, charbon, pétrole, minerais) ne participent que faiblement à la formation du PIB ? Parce que c'est la croissance de la plus-value prélevée par les détenteurs de capitaux sur les ressources humaines, qui est le grand pillage extractiviste pratiqué par l'oligarchie dominante. L'illégitimité de la dette publique, en progression brutale depuis 2008, est le levier, comme au

1. Damien Millet et Éric Toussaint, *La dette ou la vie*, Aden, 2011, p. 326.

Sud, de cette dépossession financière des 99 % réalisée par le 1 % oligarchique.

L'éclatement de la bulle immobilière aux États-Unis en 2007 et la récession économique qui s'en est suivie, ont révélé l'ampleur incroyable des dettes privées. Celles des ménages, contraints d'emprunter pour maintenir leur niveau de vie, avaient fortement augmenté au cours des décennies précédentes, celles des banques, spéculant sans limites avec la dérégulation financière, avaient explosé. Le détonateur a été l'écroulement de l'architecture spéculative des prêts hypothécaires à *subprimes*, titrisés et vendus dans le monde entier par les banques états-uniennes. La surproduction de logements en a été l'étincelle. Ensuite, les prix ont fortement baissé, aux États-Unis d'abord, puis en Espagne, en Angleterre et en Irlande, pays pratiquant des prêts hypothécaires. Après une croissance ininterrompue pendant plus de quinze ans, la courbe du prix des maisons avait fini par s'inverser. Sous le poids de ces dérivés de prêts, devenus toxiques avec la chute brutale des prix, les banques étaient vouées à la faillite comme Lehmann Brothers.

L'explosion de l'économie capitaliste, après deux décennies de dérégulation et de financiarisation, s'est produite en 2008. La grande majorité des banques a été ensuite sauvée par les États qui ont emprunté sur le marché des capitaux sans exiger d'elles de véritables contreparties ni de changement dans leur fonctionnement. Le mécanisme est infernal : les gouvernements du Nord ont endetté les contribuables pour sauver les banques. À ces banquiers ils ont ensuite emprunté pour sauver leurs économies entrées en récession du fait de la crise provoquée par les turpitudes de ces mêmes banquiers. Que la peur d'un écroulement total de l'économie mondiale ait guidé leurs décisions est simple à comprendre. Mais pourquoi n'avoir pas fait payer les actionnaires et poursuivi les banquiers fautifs ? En Islande, plusieurs responsables de banques sont emprisonnés depuis 2013, il est donc possible de punir les « banksters ».

Les banques centrales états-unienne, britannique et japonaise ont alors fait du *quantitative easing* (QE) : elles ont créé de l'argent *ex nihilo* en faisant tourner la planche à billets. La FED, la banque centrale états-unienne injectait, encore en 2013, 85 milliards de dollars dans l'économie chaque mois. Lors des années 2011-2012, la BCE a prêté au taux de 1 % plus de mille milliards de dollars aux banques privées, lesquelles ont ensuite prêté aux États en difficulté à 5-7 % voire 10 %, ce qui représente une véritable escroquerie. Selon Michel Rocard et Pierre Larrouturou, la FED aurait prêté à 0,01 % plus de 15 000 milliards de dollars aux banques, l'équivalent du PIB de l'Europe, ce n'est pas rien[1] ! Les États venus directement au secours de leurs banques privées et de leurs grandes entreprises, comme le secteur automobile, ont vu leur économie entrer en récession et leurs recettes baisser fortement. Le cycle infernal a été enclenché : le chômage et la baisse d'activités d'un pays entraînent la diminution des recettes de l'État, par la baisse des impôts perçus. Ce qui pousse les États dans le système ultralibéral à diminuer les services publics – donc à les privatiser – et à augmenter les impôts. Est-il acceptable de continuer ainsi ?

Est-il acceptable de laisser filer 1 000 milliards d'euros chaque année de l'Europe vers les paradis fiscaux ? Pour la France « la commission sénatoriale a estimé de 40 à 50 milliards la perte sèche que représente l'évasion fiscale cumulée avec l'optimisation et la fraude fiscale[2] ». Avec les 50 autres milliards versés en intérêts de la dette publique par l'État Français aux banques et assurances privées, ce sont au minimum 100 milliards qui manquent au budget chaque année. Si l'on ramenait ces 100 milliards, oubliée

1. Tribune de Michel Rocard et Pierre Larrouturou, publiée dans *Le Monde* du 3 janvier 2012.
2. Interview d'Antoine Peillon http://www.ajt-mp.org/spip.php?article421 ; Antoine Peillon, *Ces 600 milliards qui manquent à la France*, Seuil, 2012.

la ritournelle « les caisses sont vides » justifiant la casse sociale, finies la baisse des salaires et du nombre fonctionnaires dans les hôpitaux ou la croissance de la dette de la sécurité sociale. Maintenir le statu quo aboutit à un transfert illégitime de la plus-value produite par les populations vers l'oligarchie financière qui accumule toujours plus.

La croissance de la dette publique, une volonté politique

Depuis les années 1980, la perte continue du pouvoir d'achat des particuliers, la privatisation progressive des services publics comme l'érosion des conquêtes sociales de l'après-guerre en Europe sont les conséquences directes de la croissance organisée de la dette publique.

On a vu en Europe la droite comme la gauche, ou aux États-Unis les républicains puis les démocrates baisser, année après année, les recettes de l'État par la diminution des impôts sur les hauts revenus et les bénéfices des grandes sociétés commerciales, tout en laissant l'évasion fiscale s'installer grâce aux paradis fiscaux et judiciaires (PFJ). Le résultat a été l'apparition de déficits budgétaires croissants conduisant à une privatisation progressive des services publics. Les gouvernements européens, ne pouvant plus se financer auprès de leur banque centrale[1], la croissance de l'endettement public, au profit des créanciers privés, a été continue.

Au Sud, la crise de la dette des États a été déclenchée par une décision états-unienne d'augmentation du *Prime rate*, permettant aux banques de sortir gagnantes de leurs investissements hasardeux grâce au FMI, les populations des PED devant se saigner pour payer la dette. Au Nord, devant l'explosion de la bulle immobilière, mettant en

1. En France après la loi Pompidou-Giscard de 1973, en Europe depuis le traité de Maastricht de 1992.

faillite potentielle les banques, les États ont décidé de les sauver en s'endettant lourdement, faisant là aussi payer la note aux travailleurs, avec toujours les « bons conseils » du Docteur FMI.

Délégitimé après trois décennies de politiques antisociales forcenées, le FMI a été remis en selle pour venir en « aide », au sein de la Troïka (commission Européenne, Banque centrale européenne, FMI) à la Grèce, à l'Irlande et au Portugal et à certains pays de l'Est et du Maghreb. En réalité avec ses conseils prônant l'idéologie de l'économie ultralibérale, il continue de jouer son rôle de chien de garde des détenteurs de capitaux, d'huissier des créanciers et de sauveur des banques. Tous les pays occidentaux ont vu leur dette publique exploser à la suite du sauvetage des banques privées imposé par le « *too big to fall* », trop grosses pour tomber. Impossible de les abandonner sans un crash de l'économie mondiale. Le résultat est la création de dettes illégitimes par la socialisation des pertes privées et l'imposition par le FMI aux peuples de sacrifices injustifiés pour permettre leurs remboursements. Olivier Blanchard, le chef économiste du FMI, a admis l'erreur des calculs permettant de comprendre pourquoi la Grèce, malgré les potions très amères proposées par l'institution, a vu sa dette encore augmenter et la casse sociale s'approfondir depuis 2010[1].

Mais la majorité des habitants des pays développés peine à comprendre que le même système d'asservissement au pouvoir de l'argent par le levier de la dette – qui a empêché les peuples du Sud de se libérer depuis trente ans – est aujourd'hui en train de les enserrer inexorablement dans sa gangue d'appauvrissement.

« Les nouveaux Chiens de garde, fidèles à leur niche, justifient l'austérité pour le peuple et défendent les privilèges

1. Lien vers un article de Paul Krugman: http://www.nytimes.com/2013/01/07/opinion/krugman-the-big-fail.html?_r=1&

pour les riches[1]. » On entend constamment qu'il faut se serrer la ceinture, crise et récession viendraient de notre folie dépensière ! Et pourtant...

59 % de la dette française est illégitime

Un rapport du CAC[2], Collectif pour un audit citoyen de la dette publique, publié en mai 2014, rédigé par des économistes atterrés, des syndicalistes et des militants d'ATTAC et du CADTM, pointe que pour la France « 59 % de la dette publique proviennent des cadeaux fiscaux et des taux d'intérêt excessifs » et non pas de la hausse « des dépenses, puisque leur part dans le PIB a chuté de 2 points en trente ans. »

« Si l'État, au lieu de se dépouiller lui-même, avait maintenu constante la part de ses recettes dans le PIB, la dette publique serait aujourd'hui inférieure de 24 points de PIB (soit 488 milliards €) à son niveau actuel. Si l'État, au lieu de se financer depuis 30 ans sur les marchés financiers, avait recouru à des emprunts directement auprès des ménages ou des banques à un taux d'intérêt réel de 2 %, la dette publique serait aujourd'hui inférieure de 29 points de PIB (soit 589 milliards €) à son niveau actuel. »

« L'impact combiné de l'effet boule de neige et des cadeaux fiscaux sur la dette publique est majeur : 53 % du PIB (soit 1 077 milliards €). Si l'État n'avait pas réduit ses recettes et choyé les marchés financiers, le ratio dette publique sur PIB aurait été en 2012 de 43 % au lieu de 90 % comme le montre le graphique ci-contre. »

1. Serge Halimi, *Les nouveaux chiens de garde*, Raisons d'agir, 2005 ; le film éponyme, de Yannick Kergoat et Gilles Balbastre (2012) est distribué par Épicentre film.
2. http://www.audit-citoyen.org/?p=6291

La hausse de la dette publique provient pour l'essentiel des cadeaux fiscaux et des hauts taux d'intérêt.

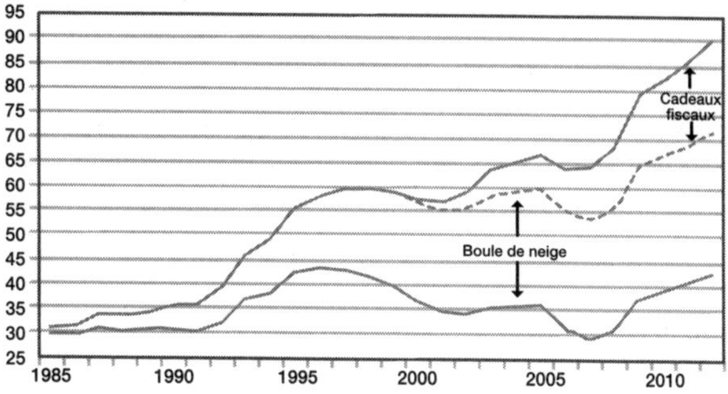

Source : Insee, comptabilité nationale ; calculs CAC

Ce qui veut dire que les politiques d'austérité imposées en Europe du Sud ou du Nord depuis 2008-2010, comme ici en France, sont le résultat de décisions politiques de type extractiviste : pillage des ressources financières des contribuables. Eux qui ne sont pourtant pas responsables de dérives quasi maffieuses de la finance. Eux qui n'ont jamais autorisé leur gouvernement à blanchir les responsables tout en prélevant des sommes indues par les diverses méthodes exposées ici par le CAC : réduction des recettes par des cadeaux fiscaux quand le budget est en déficit, taux d'intérêt surévalués provoquant un effet boule de neige, le tout aboutissant à créer une dette impossible à rembourser. Un levier formidable pour transférer des sommes supplémentaires colossales des peuples aux détenteurs de capitaux[1].

1. *Le Monde* du 29 mai 2014 sur le rapport du CAC : « Dette : les choix de l'État sont-ils pertinents ? ».

Incroyable, le rapport de puissance actuel entre les quelques milliers d'individus les plus riches[1] et les peuples fait que les profits engrangés par les actionnaires des banques, responsables du désastre, ne servent pas à renflouer les États. Les gouvernements, de droite comme de gauche, une fois élus par les peuples, ne respectent pas leurs promesses électorales. Bien au contraire, ils s'alignent sur les désirs du patronat et des « *banksters* » et en deviennent de redoutables complices.

Comment ce hold-up est-il possible ?

Ce « système dette » a bien failli exploser. Alors qu'il créait sournoisement, ce depuis près de trente ans, un transfert croissant de ressources des 99 % vers les 1 %, la crise l'a rendu visible. Car le boulet de cette dette n'est pas légitime ni même légal. Par exemple, le TCE, ce traité instituant une Europe ultralibérale et dérégulée a été refusé en 2005 par un référendum démocratique. Il a été ensuite imposé sous le nom de Traité de Lisbonne par la seule voie parlementaire. Le « peuple classe »[2], selon l'expression de Christian Delarue, a été violé. Les mesures de sauvetage écrasant aujourd'hui les populations du sud de l'Europe sont les conséquences directes de la dérégulation et de la liberté totale offertes aux détenteurs de capitaux par ce traité, des raisons qui avaient motivé les peuples français et hollandais à voter non.

Le peuple grec s'enfonce dans un terrible drame social. Les femmes ne peuvent plus accoucher à l'hôpital si elles n'ont pas 1 500 euros pour payer une césarienne, les

1. En 2012, il y avait 1400 milliardaires dans le monde, en 2013 il y en avait 210 de plus et leur fortune cumulée a augmenté de 17 % alors que la croissance des PIB mondiaux n'a été que de 3 %.

2. « Classe dominante et oligarchie contre peuple souverain et peuple-classe », Revue *Mouvements* : http://www.mouvements.info/Classe-dominante-et-oligarchie.html

médicaments ne sont plus livrés par les grands laboratoires aux hôpitaux incapables de les payer. Les salaires ont été souvent divisés par deux, les impôts et la TVA augmentés. La croissance du nombre de suicides est terrifiante et le parti d'extrême droite Aube dorée est maintenant bien en place. Pour la première fois un étranger vivant en Grèce a obtenu le statut de réfugié en Belgique face aux dangers des attaques racistes en Grèce[1]. Ce sont pourtant trois entités non élues par les peuples, la Troïka, qui imposent au gouvernement toutes les mesures antisociales. En réalité, récession et déficit ne diminuent pas, car une fois de plus ce sont les banques qui sont sauvées et non pas le pays et sa population. L'abandon forcé de 50 % de leurs créances fin 2011, a surtout permis aux banques d'éviter la faillite de la Grèce, donc le non remboursement de sa dette[2]. En 2014, elle dépasse pourtant 175 % du PIB, mais le pays paie. J. Roos écrit « Comment se fait-il qu'une petite clique de technocrates non élus de transnationales arrive à se prononcer sur les politiques qui condamnent des millions à une vie de misère ?[3] »

Pourtant nombre de textes internationaux, au rang desquels la Déclaration universelle des droits de l'homme, indiquent clairement que les droits de la personne sont toujours supérieurs aux droits des créanciers. De plus, le fait qu'une entité non élue en soit le commanditaire rend ces décisions doublement illégales. On nous répondra que le parlement grec a voté, mais c'est sans compter la pression et les menaces de la Troïka.

Face au délabrement de ses droits sociaux et à la baisse brutale de son niveau de vie, une partie de la société civile

1. http://cadtm.org/IMG/article_PDF/article_a10317.pdf
2. « Alors que les chefs d'État annoncent qu'ils ont imposé un sacrifice important aux banques, une fois de plus les banquiers s'en sortent très bien ». http://cadtm.org/L-accord-du-sommet-europeen-des-26
3. http://roarmag.org/2013/05/imf-chief-lagarde-heckled-by-students-in-amsterdam/

grecque lutte pour l'audit et l'annulation de la part illégitime de la dette grecque, chemin indispensable pour que ce peuple européen puisse retrouver une existence digne. À quoi sert de faire une Union européenne et une monnaie unique si les États les plus riches n'aident pas les plus faibles comme cela se fait à l'intérieur des États-Unis ou entre les Länder en Allemagne ? La compétition par la diminution des coûts salariaux entre les pays, instaurée par la baisse des salaires (lois Hartz IV sous le gouvernement Schröder) après la réunification des deux Allemagnes, est une politique antisociale[1], et surtout anti européenne si elle doit aboutir à faire sombrer la moitié sud de l'Europe et une partie croissante de la population de l'Union dans la pauvreté à cause de cette absence de solidarité inscrite dans les traités.

Nivellement des salaires sur les moins-disants écologiques et sociaux de la planète

Sous les grands mots « austérité », « compétitivité », « flexibilité » ressassés par les médias complaisants se cache la volonté du patronat européen d'imposer un nivellement social par le bas dans le but de retrouver des marges de profit à deux chiffres. Pour cela, alliés à la Troïka, ils agissent en vue de rendre les salaires, dans les pays les plus puissants d'Europe (Allemagne, France, Pays-Bas, etc.) comme dans ceux situés au sud, concurrentiels avec ceux des ouvriers de l'Est européen et des PED. Comme l'écrit Paul Jorion dans une chronique de mai 2013, « il ne faut plus dire "réformes structurelles de compétitivité", mais plutôt, "aligner les salaires français sur ceux du Bangladesh"[2] ».

1. L'Allemagne compte 31 % de pauvres réels ou potentiels dans le pays le plus prospère d'Europe. http://solidarite-internationale-pcf.over-blog.net/article-dans-quel-etat-se-trouve-l-allemagne-apres-les-reformes-hartz-pauvrete-record-precarite-pour-122328569.html

2. http://www.lemonde.fr/economie/article/2013/05/13/le-moins-disant-salarial-en-accusation_3175394_3234.html

Pour les détenteurs de capitaux, les acquis sociaux comme en France ceux du programme du CNR (Conseil national de la résistance), doivent être anéantis. Ainsi les retraites par répartition, la sécurité sociale, l'éducation publique gratuite comme la redistribution des richesses par l'impôt progressif sur le revenu sont des freins à la compétition internationale. Finies les lois sur la liberté de la presse qui avaient offert aux citoyens la possibilité d'un vrai regard critique sur la politique et l'économie.

« En 1942, Franklin Roosevelt avait imposé qu'aucun revenu après impôts n'excède vingt-cinq fois le plus bas salaire à plein-temps[1]. » Aujourd'hui en Europe comme aux États-Unis, après la crise de 2008, il y a « Entre les salaires des petits et grands patrons, 569 SMIC d'écart[2]. » En France après 1945, le patronat, ayant largement soutenu les nazis[3], avait été contraint de faire profil bas. Comme le dit l'historienne Annie Lacroix Ritz, « non, la collaboration économique, sauf exception, n'a rien eu de forcé ».

Dans les décennies qui ont suivi, la progressivité de l'impôt sur le revenu et la redistribution par l'État aplanissaient une partie des inégalités. Ces différents éléments se sont concrétisés dans l'ascenseur social et l'émergence de la classe moyenne. Nous ne glorifions pas ici « les trente glorieuses » et l'avènement de la société de consommation avec ses conséquences écologiques et sociales catastrophiques. Car cela s'est produit dans un contexte d'extractivisme colonial et de reconstruction européenne avec l'aide très intéressée de l'industrie et de la finance états-uniennes.

---

1. http://www.entreprendre.fr/Article/8723?titre=Que%20les%20gros%20salaires%20l%C3%A8vent%20le%20doigt%20!
2. http://www.rue89.com/2010/12/15/entre-les-salaires-des-petits-et-grands-patrons-569-smic-decart-180822.
3. Annie Lacroix Ritz, *Industriels et banquiers français sous l'Occupation*, Armand Colin, 2013.

Le grand retournement, l'inversion de la dynamique égalitaire avec le renoncement au *welfare state* aux États-Unis ou à l'État Providence en Europe, commence à la fin des années 1970. Les politiques sociales ont été, dès lors, constamment attaquées par le patronat, les profits du capitalisme étant insatiables et la croissance économique quasi nulle depuis les années 2000[1].

Les Européens doivent-ils s'aligner sur tous les travailleurs qui n'ont pas de sécurité sociale, pas ou très peu de retraite et des salaires jusqu'à cent fois plus bas ? Les ouvrier-e-s du Bangladesh se battent encore en 2013 pour avoir des salaires de quatre-vingt dollars par mois alors qu'ils-elles n'en touchent que trente ou quarante. Si nous ne voulons pas que la barbarie progresse – l'écroulement du Rana Plazza[2] à Dacca en 2013 en est un exemple – c'est au contraire vers un mieux-disant social pour tous que nous devons tendre. Les gouvernements essaient de justifier l'accroissement des impôts, la réduction des services publics, leur privatisation, et même l'augmentation du nombre d'années travaillées avant la retraite en disant que ce sont les seules politiques capables de nous mener vers une sortie de crise. Toujours le même refrain, le TINA (*There is no alternative*) thatchérien.

Une fois de plus l'austérité revient à socialiser les pertes des banquiers, fauteurs de crises, qui continuent malgré leurs erreurs et leurs escroqueries à engranger d'immenses bénéfices. Daniel Munevar écrit,

> « que ce soit à Chypre, en Grèce, au Royaume-Uni ou aux États-Unis, les sauvetages bancaires d'institutions impliquées

1. Jean-Marc Jancovici : http://www.manicore.com/fichiers/transition_energetique_reflexions.pdf
2. Le 24 avril 2013, l'effondrement d'un immeuble abritant des ateliers de confection de plusieurs marques internationales de vêtements (Auchan, Carrefour, etc.) dans les faubourgs de Dacca, la capitale du Bangladesh, a fait au moins 1 127 morts.

dans des affaires de corruption, de fraude et de spéculation sont, les uns après les autres, justifiés par le fait qu'elles sont trop grandes pour faire faillite[1] ».

On dit aussi *too big to jail*: trop grosses pour aller en prison. Bien qu'élus par les peuples, nos décideurs en ne taxant pas les profits des détenteurs de capitaux et en ne mettant pas fin aux défiscalisations sauvages grâce aux paradis fiscaux et judiciaires, les PFJ, montrent l'étendue de leur soumission aux 1 %. Éric Toussaint explique que

> « ce serait une erreur de considérer que les dirigeants européens sont devenus aveugles. Un des objectifs poursuivis [par eux] est d'améliorer la capacité des entreprises européennes à conquérir des parts de marché face à leurs concurrents ailleurs dans le monde. Pour ce faire il faut réduire radicalement le coût du travail, pour reprendre leur expression. Cela implique d'infliger une défaite majeure aux travailleurs d'Europe »[2].

C'est la politique de la dame de fer étendue à toute l'Europe grâce à la crise. Mme Thatcher, après avoir cassé les syndicats de mineurs en Angleterre, suite à une grève très dure en 1984-1985, avait pu imposer ensuite des mesures rognant le *welfare state* à l'ensemble de la population anglaise. Les inégalités sociales comme les désastres environnementaux ne peuvent que continuer de croître avec ces politiques qui aboutissent à payer des intérêts toujours plus importants aux banques par l'augmentation de la dette publique. La transition écologique, visant à un mode de vie suffisamment décarbonné pour stopper le réchauffement climatique, demande de gros investissements publics difficilement conciliables avec ces politiques du « laisser faire » la finance et l'endettement.

1. http://cadtm.org/La-doctrine-trop-grandes-pour-etre
2. Éric Toussaint, *Les autres voix de la planète*, n° 58, CADTM, printemps 2013.

Il existe bien d'autres solutions pour sortir du piège de la dette que les mesures récessives que nos dirigeants imposent. La plus intéressante consiste à faire un audit citoyen de la dette publique et ensuite à annuler toutes les dettes illégitimes, comme cela s'est fait en 2008 en Équateur. Cette question sera traitée de façon plus détaillée dans le dernier chapitre : créer une société post extractiviste et post consumériste.

3.
Dette écologique : les externalités de l'extractivisme

La vie dans nos sociétés modernes se caractérise par la maximisation du rapport entre l'internalisation des commodités et l'externalisation des nuisances.

Philippe Gruca[1]

Quatre différentes dettes

Sous le terme « dette écologique », quatre différentes dettes peuvent être regroupées : la dette historique, la dette environnementale, la dette climatique et la dette sociale.

Les multinationales extractivistes refusent de prendre en charge de nombreux coûts. On dit qu'elles les externalisent. Le réchauffement climatique, la pollution des eaux, les désastres environnementaux, le déplacement des populations ou le prix des maladies causées par les extractions en sont les plus importants. L'externalisation est un moyen d'augmenter les bénéfices en cachant et en reportant sur d'autres le prix réel des extractions. Les fabricants de pesticides – dont les produits, polluant l'air, les sols, les aliments, sont responsables d'une grande part des maladies modernes et de la disparition des pollinisateurs indispensables à notre alimentation – ne peuvent réaliser des profits que dans la mesure où les États souverains ne leur font pas payer la réparation des dommages causés par leurs molécules. Dominique Méda parle de « l'invisibilité des coûts

1. Magazine *L'écologiste*, n° 33, 2010.

de croissance : le PIB occulte par construction les coûts de l'augmentation de la production sur le patrimoine naturel et les conditions de vie[1] ».

Le jour où la règle du pollueur-payeur sera appliquée à l'agriculture conventionnelle[2] par des États devenus conscients et responsables des désastres qu'elle entraîne, cette agriculture n'aura plus de sens et cessera. Tant que la société civile ne montrera pas sa détermination à l'imposer, cette règle ne sera pas appliquée tant la connivence est grande entre les gouvernants et les actionnaires. Une agriculture respectueuse de l'environnement et créatrice d'emploi changera le monde dans un sens favorable aux 99 %. Les prix des aliments issus de l'agriculture biologique apparaîtront alors incomparablement inférieurs à ceux issus d'une agriculture chimique contrainte d'intégrer ses multiples externalités négatives, l'inverse de ce que nous constatons aujourd'hui dans les magasins alimentaires. Dire que seuls les OGM et l'agro-extractivisme pourront nourrir le monde, faire croire que l'agriculture biologique n'en serait pas capable, est le double mensonge distillé en permanence par les tenants de l'agriculture productiviste et chimique. Indispensable et énorme mystification permettant d'assurer la continuité des profits de cette industrie du désastre. Le même schéma créant le doute chez les citoyens et les décideurs a été appliqué à coup de millions de dollars par l'industrie du tabac pour la santé, du pétrole pour le réchauffement climatique, etc. La puissance de l'argent peut tout… détruire.

Si les extracteurs de pétrole étaient contraints d'assumer l'ensemble des coûts, pollutions, dévastation des

1. Dominique Méda, « Nous vivons toujours dans la mystique de la croissance », *Libération*, 10 septembre 2013.

2. L'agriculture conventionnelle est le nom du productivisme : intrants chimiques (engrais et pesticides), semences identiques (clones) pour tous climats et tous terrains, monocultures, machinisme et grandes surfaces.

territoires, perte d'habitats ainsi que leur responsabilité dans le réchauffement climatique induit par le CO_2 émis, les températures seraient stabilisées. N'oublions pas que le climat est un bien commun et qu'aucun d'entre nous ne peut accepter de le voir préempter par quelques oligarques drogués aux pétrodollars.

Avant de rentrer dans l'analyse de cette dette non financière, il est important de s'interroger sur l'impact du consumérisme et de la marchandisation qui dominent aujourd'hui le rapport des humains avec la nature. Quand nous consommons des biens et des aliments au-delà de l'usage indispensable, ne sommes-nous pas en train de détruire la nature, voire l'humanité, c'est-à-dire nous-mêmes ? Dans une société qui ne serait pas construite sur le gaspillage des richesses naturelles, la dette écologique – face cachée de la dramatique dépossession extractiviste – n'existerait pas.

La consommation de masse a remplacé l'usage et la sobriété qui régissaient les rapports de l'homme avec la nature et les biens matériels depuis des millénaires. Avec comme seules énergies la force physique humaine et animale, les moulins à vent, à eau et le feu de bois, il existait alors des limites infranchissables au pouvoir de l'homme. L'invention des machines à vapeur puis à pétrole, la mécanisation et l'industrialisation des processus de fabrication, ont pulvérisé ces limites. Les surproductions, toutes issues de l'utilisation des énergies fossiles ont fait disparaître dans les pays nantis la frugalité alimentaire et les économies de moyens.

Le fordisme – augmenter les salaires pour que les ouvriers achètent les voitures qu'ils produisaient – a préparé le raz de marée matérialiste actuel. La consommation gaspilleuse, la malbouffe et l'obésité, les obsolescences programmées matérielle (objets) et culturelle (mode) avec ses dépréciations incessantes ont été inscrites dans notre imaginaire par la publicité : la propagande marchande. Pourtant l'idée d'une nécessaire décroissance des biens matériels comme des inégalités s'incruste progressivement dans les esprits malgré la bronca médiatique tentant de la ridiculiser. La fréquence accrue des catastrophes environnementales et climatiques nous oblige à émerger de notre bulle de confort de nantis.

Ainsi certains disent stop à la surconsommation. Ce qui, a contrario, veut dire oui à la consommation. Pourtant c'est bien cette dernière qui a ouvert la porte au gaspillage en faisant disparaître les limites intrinsèques à l'usage. L'idée de décroissance étant totalement inacceptable pour la majorité, certains pensent qu'en éliminant la surconsommation ils pourront éviter l'accumulation des problèmes que cette société de marchandisation généralisée engendre. Mais ce n'est qu'un leurre. Le gâchis est un élément indissociable du système consumériste. Il est même le moteur de l'extractivisme défini ici comme pillage des ressources naturelles, humaines et financières à la base des profits capitalistes.

Dans un monde où la privatisation se généralise, que je sois médecin de ville, responsable d'une multinationale du pétrole ou fabricant de médicaments, ou bien encore responsable de supermarché, mon intérêt sera que mes clients consomment « toujours plus » des services ou des produits que je leur propose. Comment pourrais-je prendre en compte les catastrophes écologiques ou sanitaires présentes et à venir si elles sont indissociablement liées à ce qui fait vivre ma famille, m'apporte le paradis sur terre et fait fonctionner le monde qui m'entoure ? Imaginons un médecin à qui l'on propose un remède capable de soigner la très grande majorité des pathologies de ses patients comme les affections de longue durée, les ALD. Acceptons la thèse expérimentée et très bien argumentée par le chercheur T. Campbell[1] qui démontre que ce médicament est une alimentation végétarienne. Le médecin qui prescrira cette hygiène alimentaire, aussi bien préventive que curative, risque de ne plus être en mesure de nourrir sa famille, car il perdra un grand nombre de ses clients : les abonnés à ses services par les maladies chroniques. Il en va de même pour celui qui, isolant sa maison ou/et ne se déplaçant plus qu'en transport en commun et vélo, ruinerait les pétroliers et les fabricants de voitures s'il était imité par le plus grand nombre.

La dette écologique a été créée, au fil du temps, par l'accumulation d'emprunts sans retour faits à la nature et aux populations occupant les territoires pillés. Pourtant les multinationales responsables continuent à spolier les populations actuelles et les générations futures. Nos enfants et leurs descendants n'auront que les reliquats des ressources végétales et fossiles existant il y a un siècle. Pire, ils devront faire face au réchauffement climatique, à l'effondrement de la biodiversité, à la dégradation des services écosystémiques[2] et à la gestion des déchets. Ils devront malgré eux assumer ceux de l'industrie nucléaire, dont certains ont une durée de vie de 100 000 ans, alors que l'électricité produite par les centrales aura disparu bien avant la fin de ce siècle.

Parler de dette écologique ne serait pas fondé juridiquement selon certains. Pourtant il y a emprunts forcés et dépossessions, pollutions et destructions de la nature, donc dommages. De plus, les atteintes à la biodiversité sont définitives : impossible de faire revivre une

1. T. Campbell et Ph. D. Campbell, *Le rapport Campbell*, Ariane, 2008.
2. Les services écosystémiques sont « les bienfaits que les hommes obtiennent des écosystèmes ». Recyclage naturel de l'eau, de l'air, des mers, des végétaux en humus fertile, pollinisation des plantes, croissance naturelle des forêts, biodiversité, climat vivable…

espèce disparue. Il n'y a déjà plus de luciole en Europe, les insectes disparaissent en masse, les hirondelles sans nourriture nous quittent, les oiseaux disparaissent. Qui parmi les jeunes a vu des vers luisant ? N'oublions pas que nous sommes un élément de la biodiversité et sans pollinisateur, pourrons-nous continuer à nous nourrir ? Aux États-Unis, des sommes considérables sont dépensées en locations de ruches chaque année pour polliniser les vergers d'amandiers.

Analyser la dette écologique permet de mieux comprendre les causes de l'énorme inégalité de développement entre les humains. C'est un outil au service d'une justice que le droit international a du mal à accepter. La dette écologique résulte directement d'un « prendre » sans « recevoir », ni jamais « rendre ». Elle est une cassure dans les relations d'échanges et de partages, fondatrices des relations humaines créées sur le don et le contre-don. S'il n'est ni souhaitable ni possible de la rembourser en la financiarisant, cette dette doit faire l'objet de compensation, de réparations ou de restitutions. Réparer les dommages relève de la plus évidente justice. Lui donner un nom est le premier acte de reconnaissance pour qu'elle ne continue pas de s'accumuler par le conso-gaspillage et la recherche de profits. Si les consommateurs ne sont pas coupables, ils ont évidemment une grande part de responsabilité dans son accroissement. L'énergie, les biens matériels et la majeure partie des aliments des classes moyennes sont issus de l'extractivisme.

Comment s'est-elle accumulée ?

Premier élément de cette accumulation, les exterminations en Amérique du Sud puis du Nord, la traite négrière, l'esclavage puis la colonisation armée, qui ont été les moyens du pillage européen. L'historien Achille Mbembe écrit :

> « Pour construire ce monde qui nous est commun, il faudra restituer à celles et ceux qui ont subi les processus d'abstraction dans l'histoire la part d'humanité qui leur a été volée. Il n'y aura guère de conscience d'un monde commun tant que celles et ceux qui ont été plongés dans une situation d'extrême dénuement n'auront pas échappé aux conditions qui les confinent dans la nuit de l'infravie[1]. »

Comment mieux décrire la part historique de la dette écologique par la « nuit de l'infravie », et la nécessité d'en sortir par des réparations !

Deuxième élément, la dette environnementale est la conséquence directe de l'extractivisme. Elle se caractérise par des pollutions diverses, des forêts surexploitées ou anéanties, des pertes d'espaces de vie pour les humains, l'effondrement de la biodiversité végétale et animale, des terres devenues incultes à force de monoculture, des océans vidés de leurs poissons avec le grand problème de l'acidification, la biopiraterie[2], etc.

Le troisième élément est le changement climatique causé principalement par les pays industrialisés. Ils ont émis 80 % du stock de GES d'origine humaine alors qu'ils représentent moins de 20 % de la population mondiale. Étant responsables très majoritairement du réchauffement climatique en cours, ils ont une dette envers les peuples du Sud qui n'ont émis à l'heure actuelle que très peu de GES. L'Afrique, c'est aujourd'hui 3 % des GES émis alors qu'elle compte 15 % de la population mondiale. Même si la Chine est devenue le premier émetteur de GES, l'accumulation de CO_2 présent dans l'atmosphère en 2014 ne peut, pour le moment, lui être imputée que pour une faible

1. Nelson Mandela, « Les chemins inattendus », *Le monde diplomatique*, août 2013.
2. Vol et brevetage de molécules de plantes utilisées par les médecines traditionnelles d'un pays, des espèces variétales sélectionnées pendant des millénaires par les paysans, comme le riz basmati.

part. Lors des derniers grands sommets pour le climat, les Occidentaux n'ont pas voulu prendre en compte les émissions par habitant – un chinois émet quatre fois moins de GES qu'un états-unien – ou la transformation de la Chine en usine du monde occidental. Les détenteurs de capitaux, en y délocalisant leurs usines, tirent de grands profits du transfert de leurs émissions de GES en Asie. Quant aux pays les moins avancés (PMA) ils n'émettent que 1 % des GES. Pourtant, ils sont les premiers à subir les conséquences du chaos climatique et sont les plus démunis pour y faire face.

Quatrième élément, la pauvreté, la misère, la faim et les nombreux morts qu'elles entraînent – conséquences directes de l'extorsion par les plus puissants des biens communs que sont les richesses naturelles – forment la dette sociale.

L'ensemble des dettes, historique, environnementale, climatique et sociale constitue pour nous la dette écologique. Certains objecteront que la dette historique liée à l'esclavage ne peut être classée sous le terme écologique. Pourtant l'Afrique subit encore aujourd'hui le contrecoup affectif, culturel, économique et environnemental de la perte de dizaine de millions des siens, arrachés de force à leurs familles et à leur pays, ainsi que celui de l'asservissement et des assassinats coloniaux pendant près d'un siècle. Cette dette écologique est donc bien la conséquence des pillages effectués par les colons et les multinationales extractivistes, cause première de la misère d'une grande partie de la population. En acceptant l'idée que l'extractivisme est la source de la dette écologique, les dettes historiques et sociales qui y sont directement liées ne peuvent, pour nous, en être séparées.

Aujourd'hui, la dette écologique est en forte progression, car le système extractiviste amplifie ses pillages pour nourrir la mégamachine consumériste. Parallèlement, la prise de conscience de ces dangers par les citoyens est beaucoup trop lente alors que les alarmes clignotent de toutes parts.

Un signe révélateur de cette inconscience réside dans le *Peak everything*, titre d'un livre de Richard Heinberg. En 2010, deux ingénieurs[1] écrivent dans une étude sur les métaux que le *peak all* – le moment où la majorité des ressources naturelles auront dépassé le sommet de leur production – est très proche. Pourtant les forages, les mines à ciel ouvert, les déforestations, le productivisme agricole et les accaparements de terres sont en progression partout. Pour masquer ces dégradations, les multinationales tentent de reproduire la stratégie de certains animaux qui, pour se défendre, se fondent dans le paysage en transformant la couleur des pigments de leur peau. Le caméléon, perché sur une branche, prend les teintes du bois.

Le *greenwashing* est une des techniques utilisées par les multinationales pour poursuivre le « *business-as-usual* ». Symbole de ce verdissement, les restaurants McDonald's ont remplacé en 2011 le fond rouge du logo par un fond vert. Pourtant la viande de leurs burgers provient bien souvent de bœufs qui pâturent les nouvelles prairies créées sur les parties incendiées de la forêt amazonienne et les frites sont cuites à l'huile de palme issue des déforestations malaises et indonésiennes. De plus la production de cette viande pousse au productivisme agricole : aliments du bétail, eau, terres arables et pétrole.

Les grandes enseignes de la distribution mettent en place des labels verts non contraignants, se réclamant sans cesse du développement durable, un dramatique oxymore[2]. Le but étant de rendre acceptable aux yeux des consommateurs sensibilisés au respect de la nature et de la santé, l'achat sans limite de biens de consommation pourtant très destructeurs.

---

1. Benoît de Guillebon, Philippe Bihouix, « Quel futur pour les métaux : un nouveau défi pour la société », EDP Sciences, 2010.
2. Développement contient l'idée de croissance exponentielle, durable celle d'infini. Dans un monde fini, c'est impossible. Ces deux mots s'opposent, le développement durable est un gadget sémantique.

L'environnement

Dans les mines d'or de Sadiola au Mali, on utilise, la technique de la lixiviation pour séparer l'or de la roche : du cyanure de sodium qui finit dans d'immenses bassins de rétention fragiles, provoquant accidents, maladies et pollutions. Les mines de cuivre à ciel ouvert au Chili, en RD Congo ou en Zambie tout comme les mines d'ilménite à Madagascar exploitées par Rio Tinto, détruisent des milliers d'hectares de sols, de bois et polluent l'environnement. L'exploitation des grands massifs forestiers du centre de l'Afrique ou de l'Indonésie pour y récupérer les bois précieux et les remplacer par des palmiers à huile se fait au détriment des hommes qui y vivent, du climat et de la biodiversité. Les grands singes sont frugivores. Obligés de manger les fruits des palmiers pour survivre, ils sont abattus par des snipers.

L'Indonésie est devenue le troisième pays émetteur de GES[1] à cause des incendies volontaires de forêts primaires pour les remplacer par des palmiers. Cette huile alimentaire peu chère est aussi utilisée pour fabriquer des agrocarburants. Au Brésil, la culture d'immenses champs de soja OGM destiné à être exporté en Europe et en Chine, comme protéine pour l'élevage et agrocarburant, ainsi que la production de cannes à sucre pour l'éthanol, se fait au détriment de la forêt amazonienne et de ses habitants. L'exploitation des mines à ciel ouvert ou des sables bitumineux détruit d'immenses surfaces de sols et rejette d'énormes quantités d'eau polluée et de GES. Les accaparements de terres aboutissent à une extraction de la fertilité des sols et de l'eau au détriment des peuples autochtones exclus et, le plus souvent, condamnés à vivre dans des bidonvilles.

1. http://www.greenpeace.org/belgium/Global/belgium/image/g.mag/G.mag9/DossierFR.pdf

Le climat

Les matières premières sont extraites, transportées et ensuite transformées en biens de consommation. Plus de 75 % des énergies utilisées pour ces différents travaux sont d'origine fossile – charbon, gaz, pétrole – et donc productrices de GES. Dans ce système extractiviste et marchand, l'énergie est aussi indispensable que la nourriture pour les humains ou le soleil pour les plantes. La compétition pour l'exploitation des gaz de schistes en Europe et aux États-Unis, malgré les pollutions dramatiques de l'eau, les risques sismiques, et les dégagements de méthane produisant de grandes quantités de GES, illustre la folie des décideurs oubliant volontairement que brûler l'ensemble des réserves d'énergies fossiles connues engendrerait un chaos climatique.

> Il ne faudrait pas émettre plus de 565 gigatonnes de CO_2 ou équivalents CO_2 d'ici à 2050 pour avoir de sérieuses chances de ne pas dépasser la barre fatidique des 2 °C. La combustion de toutes les réserves prouvées de pétrole, charbon et gaz de la planète engendrerait 2 795 gigatonnes de CO_2, soit cinq fois plus ! Si l'on veut respecter les préconisations des scientifiques, ce sont donc 80 % de ces réserves qui ne doivent pas être extraites et consommées[1].

La grande majorité des richesses minérales et fossiles proviennent des PED et, de façon paradoxale, ils restent économiquement très faibles et leurs populations très pauvres. Leur adaptation aux changements climatiques sera très difficile sans l'apport gratuit de connaissances, de moyens financiers et de technologies douces des pays qui ont tant prospéré en les pillant. Ce qui ne serait pourtant qu'un « rendre » tardif, mais ô combien indispensable.

---

1. Postdam Institute for Climate Impact Research http://www.bastamag.net/article2626.html

Entre 70 et 80 % des surfaces agricoles de la planète sont consacrées directement à l'élevage[1], ou indirectement, à travers la production d'aliments pour le bétail. La part des terres dédiées aux agrocarburants augmente fortement. Le soja OGM d'Argentine et du Brésil représente jusqu'à 80 % des protéines entrant dans la ration des bêtes d'élevage en Europe. Le mode alimentaire occidental, du champ à la bouche, produit près de 50 % des GES[2]. Les causes principales étant le productivisme agricole, la consommation de 70 % de protéines animales pour seulement 30 % d'origine végétale, les 50 % de nourriture gaspillée, le stockage froid et le transport de longue distance. Par ailleurs, les agrocarburants – culture, transformation et utilisation – produisent plus de GES qu'un litre de pétrole. Sans subventions publiques, la plupart des agrocarburants ne seraient pas viables économiquement.

Les impacts sociaux ou l'extractivisme des ressources humaines

Les PED subissant l'extractivisme sont des prêteurs forcés depuis plusieurs siècles. Ils n'ont jamais été dédommagés de leurs créances constituées par les dettes écologiques. Contraints de rembourser la dette financière illégitime, ils sont doublement perdants. L'oligarchie dirigeante refuse de payer le véritable prix des richesses extraites en intégrant celui des externalités négatives comme celui de leur finitude. Raison pour laquelle le niveau de vie matériel dans les PED n'a que très peu progressé depuis cinquante ans, à l'inverse de celui des pays extracteurs. Ainsi le rapport du niveau de vie moyen est environ de 1 à 100 entre la moyenne des habitants des pays subsahariens et ceux de

1. GRAIN, *Hold-up sur l'alimentation humaine*, Cetim-Grain, 2012.
2. Voir note 119.

la Triade, au XXIe siècle. Ils étaient pourtant très proches avant la colonisation.

De très nombreuses ouvrières du textile au Bangladesh luttent pour obtenir un salaire supérieur aux 30-40 dollars qu'elles gagnent pour 200 heures par mois, sans assurance sociale. Ainsi le prix de vente d'un seul pantalon ou veste H&M, Gap, Zara, etc., dans un pays occidental est bien supérieur au salaire mensuel de l'ouvrière qui en a fabriqué de grandes quantités.

À l'opposé, le Smic en France est proche de 1 300 dollars par mois pour 150 heures environ. Mais si l'on rajoute l'ensemble des services publics, gratuits ou payants, et le salaire social constitué par les assurances maladie, retraite, chômage, etc., le différentiel réel avec des ouvrières bangladaises est vertigineux. Sans doute de 1 à 100 !

Enfin, les conséquences les plus connues et les plus visibles sont la faim et les carences alimentaires ainsi que l'absence de santé et d'éducation publiques dignes de ce nom, pour plusieurs milliards de personnes. La bidonvilisation des populations rurales, ayant perdu travail et revenus de la terre, est aussi la conséquence de l'extractivisme avec ses dettes écologiques sans réparations et ces dettes financières illégitimes remboursées par les PED.

En 2010, un rapport de la Cnuced reconnaissait l'échec des politiques imposées aux quarante-neuf pays les moins avancés (PMA).

Les modèles traditionnels appliqués aux PMA (une croissance portée par le commerce) semblent n'avoir pas très bien fonctionné. Au total, 53 % de la population de ces pays vivaient dans l'extrême pauvreté au seuil de la débâcle économique mondiale[1].

1. http://www.lemonde.fr/international/article/2010/11/26/le-nombre-de-pays-tres-pauvres-a-double-en-quarante-ans_1445160_3210.html

Évaluer la dette écologique

Évaluer la dette écologique serait irréalisable. Pourtant, selon l'économiste Jean Gadrey

> « Il serait possible d'évaluer les dettes liées au carbone (GES), à l'exploitation forestière, à l'agriculture et aux terres arables du Sud approvisionnant le Nord, à la pêche, aux ressources du sous-sol, à la biopiraterie, au transfert vers le Sud de produits dangereux ou de déchets divers, etc.[1] »

L'empreinte écologique est un concept très intéressant pour appréhender la dette écologique. C'est « la surface correspondante de terre productive et d'écosystèmes aquatiques nécessaires pour la production des ressources utilisées et l'assimilation des déchets produits par une population définie à un niveau de vie spécifié[2] ». La biocapacité disponible par personne sur la terre en 2006 était de 1,8 hag (hectares globaux). Or si un Indien ou un Africain n'utilise que 0,8 hag, un Européen a besoin de 4,5 hag et un États-unien de 9 hag.

Selon le WWF, « Il faudrait 4,5 planètes pour répondre aux besoins d'une population globale vivant comme un habitant moyen des Émirats Arabes Unis ou des États-Unis[3]. » Ce dépassement de l'empreinte par les plus puissants est momentanément compensé par les peuples à faible empreinte. Ce qui correspond aux extorsions par transferts sud-nord ou dominés-dominants issus de l'extractivisme minéral, fossile ou agricole. Inversement, il existe une exportation du Nord vers le Sud, dominants vers dominés, de pollutions, déchets (électronique, navires...)

1. Propos recueillis par l'auteur à l'université d'été 2011 du Cadtm à Namur.
2. William Rees, Mathis Wackernagel, *Notre empreinte écologique*, Écosociété, 2009.
3. Rapport 2012.http://www.wwf.fr/vous_informer/rapports_pdf_a_telecharger/planete_vivante/?1383/Rapport-Plante-Vivante-2012

et réchauffement climatique déjà durement subie par les populations des PED qui n'en sont pas responsables. Ces différentiels d'empreinte écologique et ces transferts ouvrent des droits à réparation pour les victimes. Mis en place, ils permettraient de freiner l'exploitation sans vergogne des hommes et de la nature.

Près d'un tiers des humains sous-nutris ou carencés vivent dans l'Afrique sub-saharienne où ils subissent les effets dévastateurs d'une dette de 140 milliards de dollars. Son annulation serait, pour les pays créanciers, indolore. Moins de 0,3 % des avoirs des 1 400 milliardaires en dollars de 2013 seraient suffisants pour l'annuler alors que leur fortune est en grande partie issue des richesses naturelles du continent africain. Au regard des désastres écologiques subis et des quantités de ressources pillées, nous pouvons dire que la valeur de la dette écologique due au sous-continent africain par les pays industrialisés est incommensurable, peut-être 100 ou 1 000 fois supérieure à sa dette extérieure publique. Ces derniers refusent de la reconnaître avec des arguties juridiques et comptables dignes de « boni-menteurs » ou de réels escrocs.

Le remboursement des dettes financières illégitimes oblige les PED à vendre leurs ressources naturelles aux multinationales – ce qui est le but recherché par cette escroquerie criminelle – entraînant en retour un accroissement de la dette écologique.

Réparer, compenser ou même seulement reconnaître la dette écologique affaiblirait l'hégémonie imposée aux peuples du Sud par le trio FMI-BM-OMC et les pays créanciers. Les multinationales ne pourraient plus décider unilatéralement de l'avenir, du climat pendant les COP (*conference of the parties*) de Stockholm 1972 à Rio 2012 en passant par Copenhague 2010 et jusqu'à Paris en 2015. Une reconnaissance de la dette écologique impliquerait de réels transferts compensatoires techniques, matériels et financiers du Nord vers le Sud, et non plus de pseudo-généreuses miettes à titre humanitaire. Elle est une condition indispensable pour qu'existe un rattrapage du développement des PED, une sortie de la pauvreté des populations et un renforcement de leur souveraineté[1]. Seule une coopération entre les sociétés civiles du Nord et du Sud, dans la lutte pour la reconnaissance de cette dette, permettrait de faire face aux multinationales extractivistes et pollueuses. Selon Richard Heede, « quatre-vingt-dix entités ont émis 63 % des émissions industrielles de CO_2 et de méthane qui se sont accumulées dans l'atmosphère depuis la révolution industrielle[2] ».

Reconnaître la dette écologique due aux PED ferait monter progressivement le prix des matières premières et permettrait à ces pays de retrouver une souveraineté économique. Cela provoquerait aussi un ralentissement des extractions-exportations imposées. Le système dominant est fondé sur le cycle « extractivisme-productivisme-consumérisme-profits-pollutions ». La valorisation de leurs ressources leur permettrait enfin de les transformer localement, ce que font justement les pays émergents. Le néo-extractivisme[3] pratiqué par des pays comme le Venezuela, la Bolivie ou l'Équateur ne prend pas le chemin écologique espéré : l'extraction et l'exportation de matières premières restent la source principale de revenus pour ces pays dépendants, de fait, du système libéralo-capitaliste. Cela d'autant plus que le consumérisme a colonisé l'imaginaire des peuples qui ne voient souvent plus d'autres possibilités de progrès que dans l'exportation de leurs richesses naturelles. Mais des exemples d'alternative existent, comme au Chiapas, où l'EZLN, l'armée zapatiste de libération

1. E. de Ruest, R. Duterme, *La dette cachée de l'économie*, Les Liens qui Libèrent, 2014.
2. http://energie-climat.greenpeace.fr/climat-ils-sont-90-responsables-de-23-des-emissions-de-gaz-a-effet-de-serre.
3. Le néo-extractivisme est une réappropriation par un pays de ses ressources naturelles.

nationale, défend un autre système fondé sur l'autonomie et la résistance du peuple[1].

L'annulation de la dette des PED supprimerait le grand levier d'asservissement qu'utilisent le FMI, la BM et les pays créanciers rassemblés dans le Club de Paris, dont profitent les multinationales pour s'approprier leurs ressources. Une augmentation généralisée du prix des ressources naturelles ferait croître celui des biens matériels, et du coup, et très certainement baisser le conso-gaspillage source des profits. Au vu d'un tel scénario, on comprend pourquoi les gouvernements des pays écologiquement débiteurs ne sont pas prêts à reconnaître ni à compenser la dette écologique. C'est pourtant un combat crucial à mener, pour lutter contre le réchauffement climatique, les désastres environnementaux et la pauvreté de milliards d'humains.

1. http://cadtm.org/Une-petite-ecole-zapatiste-pour

4. L'extractivisme dans l'agriculture et l'alimentation industrielles

Les questions de l'accaparement des terres, des monocultures d'exportation qui détruisent la fertilité des sols, de la privatisation-pollution de l'eau, de la très forte consommation de pétrole, de potasse et phosphates par l'agriculture conventionnelle, ne relèvent-elles pas du pillage extractiviste des biens communs ?

Alors que plus de deux milliards d'humains souffrent encore de faim et/ou de malnutrition, il est particulièrement cynique d'utiliser la « nécessité » de nourrir la planète pour justifier l'appropriation privative de la terre et de l'eau. Il serait certes moins avouable d'annoncer que ce qui motive cette appropriation est la recherche du profit ! Que dire par ailleurs des performances tant vantées du productivisme agricole, alors qu'il se montre incapable de mettre à disposition de chaque terrien nourriture et eau en quantité suffisante comme en qualité ? Tout simplement que ses promesses sont mensongères. Et ce système agro-extractiviste, ne prenant pas en compte les besoins des générations futures en terres fertiles et eaux douces, ni la finitude des minerais et énergies fossiles, n'est pas pérenne. Il est aussi responsable de 25 à 40 % du stock de GES[1], de la disparition de la MOS, de la perte de biodiversité animale et végétale. De plus, les pesticides sont la cause d'une grande part des désordres sanitaires actuels. « Les organosphosphorés et les pyrethrinoïdes sont suspectés

1. GRAIN, *Hold-up sur l'alimentation humaine*, Cetim-Grain, 2012.

d'être des perturbateurs endocriniens » selon l'enquête EXPPERT 1 de Générations futures. Enfin elle génère des désastres sociaux, voire des ethnocides, en dépossédant les paysans de leurs territoires. Pourtant, en dehors des pertes de biodiversité, tous ces dommages pourraient être réparés par des décisions politiques courageuses aboutissant à une généralisation de l'agriculture biologique, l'AB.

> Une étude menée en Suisse depuis 1978 sur des parcelles conduites en conventionnel, en bio et en biodynamie montre que sur trente ans les rendements bio sont de plus de 80 % de ceux du conventionnel. Mais c'est dans les pays du tiers-monde (premiers concernés par la problématique alimentaire) que les résultats des techniques biologiques sont les plus impressionnants. En effet, les paysanneries et les sols asiatiques, africains ou sud-américains sont bien mieux adaptés aux cultures associées, à l'utilisation de nombreuses variétés et à des rotations complexes qu'à des monocultures de variétés standardisées et une mécanisation souvent impossible[1].

Dans les PED, libre-échange et exportations agricoles forcées

Pour imposer le libre-échange des denrées agricoles, la grande crise de la dette des années 1980 au Sud a été une opportunité pour les pays industrialisés, relevant de la « Stratégie du choc ».

Au nom du remboursement de la dette, les aides publiques aux agriculteurs (pour acquisition de terres, achat de matériels et semences paysannes, formation continue, stockage de sécurité) ont disparu. De la même manière, les banques publiques dédiées à l'agriculture ont été privatisées au profit des banques internationales,

1. Jacques Caplat, interview 16.07.2010 dans Ecorev, http://ecorev.org/spip.php?article948

signant la fin des crédits longs à taux bonifiés permettant de véritables investissements agricoles.

Il n'existe plus au Sud que des crédits privés difficiles d'accès et de la microfinance, annoncée comme une solution miracle. Mais face à un dramatique problème de pauvreté, les microcrédits sont surtout des prêts de survie à court terme. Avec des taux usuriers de 30 % à 50 % voire plus encore, ils ne sont même pas un système de secours pour les paysan-nes pauvres. La caravane des femmes de Ouarzazate en avril 2014, poussées dans la misère par la microfinance et réprimées par le pouvoir, en apporte une nouvelle preuve[1].

Les formations agricoles dans des collèges, lycées et universités comme celles des agriculteurs dans les campagnes par des techniciens bien formés n'ont pas été financées. L'entretien des routes, ponts, écoles, mairies et hôpitaux a été abandonné. Le complexe agriculture-alimentation d'un pays repose sur un ensemble de transmission de savoirs et l'acquisition de nouvelles connaissances issues de la recherche publique. La BM a-t-elle financé par des dons ou des prêts à taux bas l'agriculture dans les pays où des centaines de millions d'humains sont sous-alimentés ? Très peu. L'agriculture paysanne et avec elle des centaines de millions de paysans ont été abandonnés par leurs gouvernements endettés illégitimement.

La réforme agraire oubliée

Répartir la terre entre les agriculteurs ne serait-il pas le meilleur moyen pour lutter contre la faim ? En Équateur ou en Bolivie, des lois pour la réforme agraire ont été votées. Mais partout les puissances financières qui accaparent les terres s'y opposent frontalement. L'absence de réelle démocratie et/ou la corruption réussissent ainsi à étouffer les

1. Multiples articles sur www.cadtm.org, dont deux de l'auteur.

demandes des peuples sans terre. Selon la Via Campesina : « la "souveraineté alimentaire", c'est d'abord la régulation du commerce pour protéger les droits des peuples et des paysans à définir leur politique agricole et alimentaire sans dumping. »

Dans le système ultralibéral, les grands exportateurs de soja OGM, de viande et d'éthanol d'Amérique du Sud, grands fournisseurs de devises, ont plus de poids que le mouvement des paysans sans terre (MST). Au Brésil, le gouvernement préfère donner à manger aux pauvres avec la *Bolsa familia*[1] que de répartir les terres équitablement entre tous. Il est pourtant bien connu que c'est le filet qu'il faut donner et l'art de s'en servir qu'il faut enseigner, plutôt qu'offrir les poissons, ici des bons de nourriture. Le Brésil, l'Indonésie et la RDC sont trois pays lourdement endettés par les dictatures du passé. Possédant les plus grands massifs forestiers et donc les plus forts potentiels de terres exploitables, ils sont des proies idéales pour les requins aux grandes dents spéculatives, amateurs de terres arables. Au final ce sont les consommateurs de viande et les utilisateurs d'agrocarburants – encore majoritairement occidentaux – qui entretiennent un système reposant sur le pillage des ressources végétales par importation et donc l'appauvrissement des peuples du Sud.

Pourquoi un milliard d'agriculteurs travaillent-ils encore à la main ?

Dans la majorité des PED, le paysan ne possède pour travailler la terre qu'une simple houe et sa force physique ! Marc Dufumier écrit :

> « Elles [les familles les plus pauvres] sont trop souvent privées du minimum nécessaire (fourches, râteaux, pelles, bêtes

1. Aide financière aux familles instituée par Lula, conditionnée à l'éducation des enfants.

de somme, charrettes) et sont dans l'incapacité d'exploiter pleinement les possibilités de l'agroécologie. L'urgence est donc de leur permettre d'acquérir enfin ces équipements en provoquant une nouvelle réforme agraire. La mise en œuvre de pratiques agricoles hautement productives à l'hectare et respectueuses de l'environnement suppose que les familles paysannes puissent avoir accès à des terrains de taille suffisante et assez longtemps afin d'être assurées sur le long terme de pouvoir bénéficier du fruit de leurs efforts[1]. »

La traction animale est réservée à une minorité de paysans, ceux possédant un tracteur sont encore moins nombreux...

> La population agricole active s'élève à 1 milliard 300 millions de personnes, elle ne dispose que de 250 millions d'animaux de travail, soit environ 20 % du nombre des actifs agricoles, et de 28 millions de tracteurs, soit 2 % d'entre eux. La très grande majorité des agriculteurs du monde continue donc de travailler à la main, en particulier en Afrique subsaharienne[2].

Parmi le milliard de personnes fortement sous-nutries, 70-80 % vivent dans les campagnes et 70-80 % d'entre elles sont des femmes. Le paysan-ne sans machine ni animaux de trait produit en moyenne une tonne/hectare équivalent-céréales par an. Pourtant, avec une formation aux techniques de l'agroécologie, il-elle pourrait facilement doubler ou tripler sa production[3]. Ce que Pierre Rahbi a bien démontré en Afrique subsaharienne.

À Madagascar, une technique agroécologique a été mise au point. Le SRI (système de riziculture intensif)[4] permet d'augmenter fortement les rendements sans intrants

---

1. Marc Dufumier, *Famine au sud, malbouffe au nord*, Nil, 2012.
2. http://www.inter-reseaux.org/revue-grain-de-sel/48-mecanisation-et-motorisation/article/des-agricultures-manuelles-a-la
3. http://www.fermedubec.com/ecocentre/methodeMaraichers.aspx
4. http://www.tefysaina.org/Biographie.htm

extérieurs ni mécanisation. L'Asie utilise le SRI, mais paradoxalement, le gouvernement malgache ne finançant pas de formation, peu de paysans le pratiquent. Des solutions simples et peu onéreuses pour s'attaquer à la faim et à la pauvreté ne sont pas mises en œuvre[1] ! Pourquoi ?

La BM, le FMI et des organisations comme la Fondation Bill Gates font la promotion de l'agriculture industrialisée à coup de centaines de millions de dollars, aidant ainsi les multinationales comme Monsanto, Syngenta, Pioneer, Cargill et bien d'autres à vendre des plantes brevetées ou OGM, des pesticides et des engrais. D'ailleurs le créateur du monopole Microsoft, première fortune et premier « humanitaire » mondial, est aussi le premier actionnaire de Monsanto. Les plus de deux milliards de personnes insuffisamment nourris pour avoir une vie active, selon la FAO, apportent pourtant la preuve que le système productiviste est incapable d'alimenter le monde. Un véritable scandale puisque, selon cet organisme, la production agricole actuelle est suffisante pour nourrir 12 milliards de personnes, chiffre constamment repris par Jean Ziegler dans ses livres et discours[2] ainsi que par son successeur à l'ONU, Olivier de Schutter. La logique du profit, et donc de la faim, est préférée à celle du partage.

Pour les mêmes raisons, l'agrobusiness continue inlassablement son travail de sape de l'agriculture familiale et vivrière, en grande partie autoconsommée, parce qu'elle représente pour lui un énorme manque à gagner. Elle ne nécessite aucune importation d'intrants, fournit très peu de denrées agricoles exportables et supprime une grande

1. Le terme agroécologie regroupe des techniques biologiques comme la biodynamie, la permaculture, l'agroforesterie, les cultures associées, etc., toutes plus productives à surface égale que l'agriculture conventionnelle. Cela avec une plus grande intensité de main-d'œuvre, peu de matériels lourds et d'intrants, et très peu d'émissions de GES, voire à l'inverse une captation du CO_2 par la biomasse produite.
2. Jean Ziegler, *Destruction massive*, Seuil, 2011.

partie de l'import-export alimentaire. Les gouvernements corrompus préfèrent les accaparements de terres par des étrangers qui pratiqueront une agriculture productiviste et exportatrice, ayant un très grand potentiel de profits, pour eux et leurs amis investisseurs, au détriment des populations. Les PFJ permettent de masquer ce scandale planétaire.

> Depuis plusieurs années au Cambodge, les industriels du sucre, encouragés par l'initiative européenne « Tout sauf les armes », se voient accorder des concessions économiques à grande échelle au détriment des populations locales. Privées de leurs terres, des milliers de familles luttent aujourd'hui pour survivre[1].

Le financement de l'agriculture productiviste au détriment de l'agriculture vivrière est, avec le système dette, une des causes majeures de la faim dans le monde. À l'exact opposé de ce qui est claironné, les tenants de ce modèle productiviste voulant encore nous faire croire qu'il est le seul capable de nourrir les neuf ou dix milliards d'humains à venir. Même l'INRA pousse l'exercice jusqu'à « bidonner » ses rapports scientifiques pour démontrer l'avantage productif de ce modèle sur le biologique[2].

Dette, libre échange et agriculture

En privilégiant les cultures d'exportation, dites de rente, à la place de l'agriculture vivrière, de nombreux PED, se sont retrouvés en déficit alimentaire. Pire, le libre-échange leur ayant été imposé, les produits étrangers sont venus

1. http://www.peuples-solidaires.org/cambodge-peuples-solidaires-sur-le-terrain-des-sans-terres/
2. Plus de cent chercheurs en agronomie vilipendent le parti pris non scientifique d'une étude de l'INRA critique de l'agriculture biologique. http://www.reporterre.net/spip.php?article5402

concurrencer de façon déloyale les paysans locaux, souvent par importation en *dumping*[1]. Quantité de décideurs du Sud ont trouvé dans ces denrées peu chères un intérêt électoral immédiat, au prix de la perte de la sécurité alimentaire de leur pays. Pour avoir refusé ce système et parce qu'il recherchait l'autonomie agricole et industrielle de son pays, en s'opposant au remboursement de la dette illégitime, Thomas Sankara a été assassiné. Le responsable présumé de ce crime, Blaise Compaoré, est depuis au pouvoir. Il est aujourd'hui considéré par la France comme un sage de l'Afrique à qui sont confiées les missions de paix en Afrique !

Si les surplus du Nord sont vendus parfois à la moitié du prix des productions locales en Afrique subsaharienne ce n'est pas parce que les coûts de production sont plus faibles, mais bien grâce aux subventions versées aux agriculteurs. C'est ainsi que l'autonomie alimentaire et l'organisation solidaire des villages sont volontairement cassées. Karl Polanyi l'explique dans *La grande transformation* :

> « La catastrophe que subit la communauté indigène est une conséquence directe du démembrement rapide et violent des institutions fondamentales disloquées par le fait même qu'une économie de marché est imposée à une communauté organisée de manière complètement différente. Le travail et la terre deviennent des marchandises. Dans la seconde moitié du XIXe siècle, les masses indiennes ne sont pas mortes de faim parce qu'elles étaient exploitées par le Lancashire (Angleterre), elles ont péri en grand nombre parce que les communautés villageoises avaient été détruites. »

Au nom des thèses de Ricardo sur les avantages comparatifs, les décideurs du Nord, BM en tête lorsque Larry Summers était son économiste en chef (1991-93), ont expliqué qu'il était plus intéressant pour les PED d'importer des

1. Vendre un produit en dessous des coûts de production.

céréales des pays industrialisés et d'exporter des bananes, arachide, huile de palme, café, cacao, etc. Ainsi donc le libre-échange serait gagnant-gagnant ? Cette glorification de l'extractivisme et du commerce international omet pourtant de dire que les pays du centre dominent toujours les pays de la périphérie dans un système de libre-échange et qu'en plus, ce sont seulement les entreprises étrangères et les bourgeoisies locales qui en profitent et non les populations. Alors que l'agriculture familiale nourrit encore aujourd'hui 70 % des humains, l'exportation de denrées agricoles subventionnées est un moyen de conquête de la guerre économique et en plus une forme cachée de protectionnisme pour les pays qui imposent le libre-échange. Le nouvel accord de partenariat économique, APE, signé en 2014, entre l'UE et les pays ACP (Afrique, Caraïbes, Pacifique) va encore renforcer cet échange inégal, ainsi que le pouvoir des multinationales en leur accordant la possibilité de recourir à des tribunaux arbitraux pour régler leurs différends avec les gouvernements de ces pays.

Pourquoi ne voit-on jamais du poulet sénégalais ou camerounais sur les étals européens alors que les salaires y sont cinquante ou cent fois plus bas qu'ici ? Parce que, nourri avec du mil local, il ne peut concurrencer celui produit en Europe avec du blé et du maïs arrosés par les aides de la PAC.

Par ailleurs, la spécialisation de la production par pays a augmenté avec celle des remboursements de dettes. Mais cet accroissement de l'offre de produits tropicaux a créé une baisse générale des cours face à une demande en berne à cause de la crise au nord des années 1973-1980. Dans un cercle vicieux infernal, la baisse des prix à l'export a poussé les PED à compenser ce manque de revenus par une augmentation de leurs productions exportables, ce qui a encore accentué la baisse des cours, fixés dans les bourses de Chicago, Londres, etc., donc au Nord, chez les acheteurs. Pendant près de trente ans, jusqu'aux années 2004-2005, la baisse des prix a été de près de 3 % par an, rendant impossible la sortie du piège du surendettement et de la pauvreté des populations.

Une autre conditionnalité liée aux prêts du FMI et de la BM a été la privatisation des grandes entreprises publiques des PED. Le cas de la CMDT, Compagnie malienne des textiles, illustre bien les dégâts causés par de telles politiques. La CMDT faisait un travail d'alphabétisation, de conseiller technique auprès des agriculteurs, d'entretien des infrastructures routières et scolaires. La compagnie garantissait un prix d'achat plancher aux cotonculteurs, ce qui leur permettait d'investir dans la production sans crainte. Elle a été déstabilisée par la baisse du prix du coton due aux subventions de plusieurs milliards de dollars versées chaque année aux cotonculteurs étasuniens.

> « Comment admettre [...] que les producteurs américains et européens dont les coûts de production sont très supérieurs à leurs concurrents africains puissent inonder le marché mondial grâce à d'énormes aides gouvernementales ? Comment l'admettre quand au même moment les paysans africains ont de plus en plus de mal à survivre, privés de toute subvention publique, leurs gouvernements n'en ayant pas les moyens ?[1] »

Désastres de l'importation de denrées alimentaires par les PED

En imposant la disparition des protections douanières aux frontières, le néolibéralisme a mis en concurrence ouverte de petits agriculteurs travaillant à la main, sur de très petites parcelles – ne détenant ni les nouveaux savoirs de l'agroécologie, ni les bons outils – avec les agricultures industrialisées et subventionnées. Les producteurs de mil du Sénégal sont concurrencés par le blé débarqué dans

1. J.-P. Boris, *Commerce inéquitable, le roman noir des matières premières*, Hachette, 2005.

le port de Dakar pour un prix au kilo très inférieur. La baguette de farine blanche de blé, à la mode mais de très mauvaise qualité nutritionnelle, a ainsi remplacé la bouillie de mil quotidienne. Des associations et des boulangers luttent aujourd'hui pour incorporer 10 à 50 % de mil produit localement dans la baguette dakaroise.

Les éleveurs africains ne peuvent pas rivaliser avec les bas morceaux de poulets congelés importés, alimentés aux céréales subventionnées. Selon Julien Duriez, reporter au Cameroun pour Terra Eco : « l'Afrique aurait importé 1,3 million de tonnes de cette volaille en 2012, soit 11 % des importations mondiales, contre 260 000 tonnes en 2000[1] ». Ne pouvant plus vendre, les éleveurs arrêtent leur production et beaucoup terminent dans les bidonvilles de Dakar, Yaoundé ou d'autres grandes villes à la recherche de moyen de subsistance pour leur famille. Ils finiront par vendre leur terre, quand ils en sont propriétaires, pour une « bouchée de pain blanc » en provenance de la Beauce !

Depuis quelques années, sous l'influence de campagnes comme « L'Europe plume l'Afrique », des pays comme le Cameroun et le Sénégal commencent à réagir en fermant progressivement leurs ports à ces importations de volailles congelées, destructrices de l'agriculture locale[2].

Alors qu'aujourd'hui la moitié des habitants de la planète vit en zone rurale, beaucoup n'ont pas accès à un morceau de terre cultivable. Le MST, au Brésil, lutte contre les grands propriétaires cultivant du soja OGM pour l'Europe et la Chine, de la canne à sucre pour l'éthanol et élevant des animaux pour l'exportation vers les pays industrialisés. En Afrique, en Asie, en Amérique, chez les peuples autochtones, la terre a longtemps été un bien commun, son utilisation reposait sur le droit d'usage. Les accaparements des

1. Chiffres confirmés par Faostat.
2. Thema : A qui profite la faim http://www.dailymotion.com/playlist/x106sg_welovedocs_thema-a-qui-profite-la-faim/1#video=x95mcq

terres renouent avec les premières enclosures du XVIe siècle en Angleterre. Le roi transformait la terre commune en propriété privée pour certaines personnes dans le but qu'elles fassent des profits avec la production de denrées agricoles commercialisables. Certains osent appeler progrès ou développement ce retour en arrière confiscatoire, qui affame et asservit le paysan autosuffisant et libre d'hier.

Le productivisme agricole, un extractivisme déguisé

La « révolution verte » de l'après seconde guerre mondiale est certainement la forme d'extractivisme la pire par son impact environnemental et social. Elle a supprimé des centaines de millions de travailleurs agricoles de par le monde et a créé le modèle alimentaire consuméro-gaspilleur d'aujourd'hui. À l'époque, il fallait oublier le modèle de production locale avec peu d'intrants extérieurs, offrant la sécurité alimentaire à chaque pays européen, avec une partie importante de la population dans les champs. Totalement dépassé ? Pas si sûr. Une agriculture biologique améliorée grâce aux recherches scientifiques et à l'utilisation des savoirs acquis par les paysans, est sur un nouveau départ. Selon l'agronome Jacques Caplat

> « Le rendement moyen des céréales en France était de 12 quintaux à l'hectare en 1900 alors qu'il est de 60 quintaux à l'hectare aujourd'hui dans une ferme biologique de polyculture-élevage. Autrement dit, même dans les conditions tempérées occidentales, la bio permet des rendements inférieurs en moyenne de 15 % à ceux de l'agriculture conventionnelle chimique... mais supérieurs de 500 % à ceux de l'agriculture du début du XXe siècle[1]. »

1. Jacques Caplat, interview 16.07.2010 dans Ecorev http://ecorev.org/spip.php?article948

D'un système respectant les sols et les ressources en eau, on est passé à un système industriel extractiviste ne prenant en compte ni la défertilisation des sols, ni les pollutions des eaux et de l'air, ni le réchauffement climatique lié à la perte de la MOS. Cette agriculture oublie également la finitude des ressources fossiles que sont le pétrole et le gaz qui servent à fabriquer des engrais azotés et des pesticides, à travailler les sols et transporter intrants et productions. Elle oublie qu'elle dépend aussi de l'extraction des phosphates et de la potasse dont les quantités sont limitées et dont les prix augmentent rapidement. Or sans ces intrants dont les NPK (azote, phosphore, potassium) pas d'agriculture industrialisée.

Alors qu'un Africain, Indien ou Chinois, seul avec quelques outils rudimentaires et ses bras, ne peut produire en moyenne qu'une tonne par an équivalent/céréale, un céréalier du Nord, seul, exploite plus de 200 ha et produit près de 1 500 tonnes par an. Seul, mais équipé de robots mécaniques abreuvés de pétrole et d'électroniques (GPS, etc.), disposant de financements bancaires et de subventions publiques par centaines de milliers d'euros/dollars, des inventions de l'agro-pétro-chimie, des semences hybridées et brevetées adaptées à cette agriculture industrialisée sur laquelle des centres de recherche publique travaillent depuis près d'un siècle, et d'énormes quantités d'engrais NPK.

À ceux qui prétendent que ces productions industrielles permettent de « nourrir l'humanité », sans impacts environnementaux majeurs, Wen Tiejun, doyen de l'école d'agriculture et du développement rural à l'Université Renmin, explique :

> « Pour la quasi-totalité des 5 000 ans d'histoire de la Chine, l'agriculture avait donné à notre pays une économie qui absorbait le carbone, mais au cours des quarante dernières années, l'agriculture est devenue l'une des causes principales

des pollutions. L'expérience montre que nous n'aurions pas dû nous appuyer sur l'agriculture chimique pour résoudre le problème de la sécurité alimentaire des populations[1]. »

En effet, les paysans chinois pratiquaient une agriculture qui a permis, sans utilisation d'engrais de synthèse ni de pesticides, de supporter dix-sept personnes par hectare. À l'éco-centre du Bec Hellouin en France, site de recherche et d'expérimentation de la permaculture, les rendements sont si élevés qu'un maraîcher peut dégager un salaire sur 1 000 m^2, un dixième d'hectare. Un article de Bastamag[2] résume les incroyables possibilités de cette agroécologie. L'Europe pourrait cesser d'utiliser 50 % de terres dans des pays étrangers au détriment des populations du Sud ou de l'est de l'Europe, créer des millions d'emplois et stopper l'utilisation des pesticides et des engrais azotés si néfastes.

L'invention de l'agro-extractivisme

■ Au Nord, de la disette à la surproduction

Si la Seconde Guerre mondiale a fortement aidé les États-Unis à sortir de la crise de 1929, l'après-guerre le confirmera. Du matériel de guerre, l'industrie passe à la production de machines agricoles, d'engrais et de pesticides. Les Européens, ayant bénéficié des dons du plan Marshall pour leur reconstruction, seront fermement encouragés à passer à la « révolution verte ». Il était bien difficile aux alliés qui avaient tant « reçu » de l'ami américain – lequel avait tant « donné » en s'engageant dans la guerre puis dans le plan Marshall – de ne pas « rendre » en lui achetant tracteurs, engrais et pesticides.

De plus, comme il fallait produire de grandes quantités d'aliments pour effacer les disettes de la guerre, on

1. http://yonne.lautre.net/spip.php?article404
2. http://www.bastamag.net/Bienvenue-dans-l-agriculture

a volontairement oublié que l'agriculture de la première moitié du XXe siècle était capable de nourrir très correctement, avec du fumier, des bœufs, des chevaux, quelques rares tracteurs et de nombreux emplois, les peuples européens. Ces derniers n'ayant pas encore adopté le système consumo-gaspilleur de l'économie libéralo-capitaliste, il aurait été possible de mécaniser en douceur, d'utiliser peu d'engrais, de ne pas spécialiser fermes et régions dans un monotype d'agriculture ou d'élevage impliquant perte d'autonomie et de nombreux transports.

Mais après 1945, il n'était pas dans l'intérêt des dirigeants de maintenir une population nombreuse à la campagne, fière de ses traditions et surtout auto-consommatrice de ses produits. En vidant les campagnes, on effaçait les savoirs traditionnels. Et en subventionnant de jeunes exploitants formés aux nouvelles techniques agrochimiques dans les lycées agricoles, on assurait le triomphe de la « révolution verte » et les profits de la nouvelle filière agro-industrielle. Les tracteurs et surtout les moissonneuses-batteuses, débarqués par bateaux entiers, en rendant les petits agriculteurs inutiles (faillite) créaient des ouvriers pour faire tourner les nouvelles usines et ainsi engager la consommation de masse.

■ Deux options existaient pour nos décideurs d'après guerre

Il n'était pas obligatoire de se jeter dans toutes les nouvelles techniques proposées par les États-Unis à l'Europe, le dramatique exode paysan de l'après-guerre aurait pu être en partie évité. Utiliser peu d'engrais, de pesticides et de machinisme n'aurait pas entraîné les surproductions des années 1960 et surtout les exportations catastrophiques dans les PED. Le maintien d'une agriculture paysanne modernisée et agroécologique, pourvoyeuse d'emplois, aurait évité les désastres environnementaux et sociaux actuels. Le chômage de masse a débuté il y a trente ans sous l'effet des gains de productivité[1] considérables, entre autres dans l'agriculture.

Une grande exploitation, en agriculture conventionnelle, produisant de grandes quantités de matières premières à bas prix grâce aux subventions des contribuables et par l'externalisation de ses coûts négatifs[2], fera croître les profits des nombreux industriels, en amont et en aval : machinisme, engrais, pesticides, semences brevetées, dépollution des eaux, finance, commerce, grande distribution, etc.

Cette logique du profit conduit à l'agrandissement des « fermes », avec à la clé toujours moins de travailleurs à surface égale, plus de chimie destructrice, des machines toujours plus grosses, plus de pétrole et de CO_2 émis et moins de biodiversité. Attention, il n'y a pas ici de généralisation critique contre les agriculteurs productivistes en tant qu'individus, même si certains ont une part de responsabilité. Il faut comprendre qu'ils ont été et sont encore instrumentalisés par l'endettement, la PAC et les aides diverses pour produire à très bas prix des matières premières à l'état brut. Cela, bien sûr, pour les profits de la chaîne des transformateurs, distributeurs et bien d'autres. Quand les champs et les fermes sont utilisés par les multinationales de l'agroalimentaire comme le sont les puits de pétrole ou les mines par d'autres, on peut dire que les terres arables sont devenues des mines à ciel ouvert dont les agriculteurs sont les extractivistes : exploitants souvent exploités. On peut même dire que beaucoup sont victimes de ce système, surtout quand on pense aux nombreux suicides et aux maladies causées par les pesticides dans cette profession.

1. La croissance de la quantité de biens ou services réalisés par une personne dans une journée ou une année, grâce aux machines, à l'informatique, à la robotisation...

2. L'externalisation consiste à reporter à l'extérieur, sur d'autres ou/ et la nature, les conséquences négatives de ses productions : pollutions des eaux, de la terre et de l'air, déchets, réchauffement climatique, destruction de la MOS...

Du côté du consommateur, c'est au cours des années 1960 que sont apparus les premiers supermarchés remplaçant les commerces de proximité, faisant diminuer les emplois[1], augmenter les déplacements pétrolivores et la consommation alimentaire. La nouveauté a été les alignements de produits et le self-service avec les chariots pour empiler la malbouffe emballée, blindée aux protéines animales, au sucre, au sel, aux pesticides et autres additifs chimiques. Remplir le grand frigo jusqu'à la gueule et pouvoir manger et boire sans limites : un rêve américain qui n'a cessé de gagner du terrain. Pourtant des milliards de pauvres n'auront jamais accès à ce « paradis consumériste », car la croissance de ce conso-gaspillage n'est possible que par la faim, la pauvreté et les pertes de territoire que d'autres subissent ailleurs. Les terres, les productions végétales et animales ne sont pas extensibles à l'infini.

Choisir l'industrialisation de l'agriculture et le consumérisme de masse a entraîné la perte des savoir-faire traditionnels et le non-respect du vivant. En devenant des exploitants, les paysans ont été contraints d'abandonner les soins qu'ils prodiguaient à la nature, protection de la biodiversité, de la fertilité des sols et des paysages. Aujourd'hui l'agro-extractivisme est synonyme de réchauffement climatique, pollution des eaux, de la terre, de l'air, de maladies, de perte de biodiversité...

> « Nous assistons à une menace pour la productivité de notre environnement agricole et naturel. Loin de sécuriser la production alimentaire, l'utilisation des néonicotinoïdes met en péril les pollinisateurs qui la rendent possible... Le déclin des insectes, c'est aussi le déclin des oiseaux, dont plus de la moitié sont insectivores et pire encore[2]. »

1. Selon Christian Jacquiau, (*Les coulisses de la grande distribution*, Albin Michel, 2000) un emploi créé dans un supermarché fait disparaître quatre emplois dans le petit commerce.
2. http://abonnes.lemonde.fr/planete/article/2014/06/24/le-declin-massif-des-insectes-menace-l-agriculture_4444051_3244.html

En France, Edgar Pisani, ministre progressiste de l'agriculture sous de Gaulle et promoteur de la « révolution verte » avec ses remembrements sauvages a engagé la destruction des haies et la suppression des chemins creux pour permettre l'évolution des grosses machines. À plus de quatre-vingt-dix ans, il confesse les erreurs commises[1]. L'agroforesterie et les haies sont maintenant reconnues comme étant des éléments essentiels de l'agroécologie. En associant arbres et cultures de plein champ les résultats sont très concluants aussi bien en termes de rendements que de recréation de la fertilité, de lutte contre l'érosion et de conservation de l'eau dans les sous-sols. Les découvertes sur la symbiose racinaire, les mycorhizes, et le développement de la microbiologie des sols sont décisives pour l'invention d'une autre agriculture.

Mais la puissance des groupes de pression, qui, profitant de l'agriculture conventionnelle, s'oppose au développement de l'AB, est énorme. Celle-ci ne se développe en Europe que grâce aux efforts de nombreux citoyens et paysans résistants, aux lanceurs d'alerte qui dénoncent depuis des dizaines d'années les catastrophes environnementales et sanitaires causées par les OGM, les nitrates et les pesticides[2].

■ Subventions et financement

Les subventions agricoles ont permis de soutenir le revenu des agriculteurs et de recréer une sécurité alimentaire après la seconde guerre mondiale en Europe. Mais elles sont aussi devenues une forme de protectionnisme désastreux et un moyen de conquête des marchés des PED. Nous avons vu que le FMI et la BM imposent par le levier de la dette et des prêts de secours une quasi-disparition de l'aide

1. http://www.franceculture.fr/emission-la-fabrique-de-l-histoire-nourrir-la-ville-grand-temoin-edgard-pisani-rediffusion-du-4-mai-
2. Christian Velot, André Cicolella, Gilles-Éric Séralini, Dominique Belpomme et bien d'autres.

à l'agriculture dans les PED. De plus, ces pays étouffés économiquement et politiquement par le remboursement des intérêts ont été contraints d'ouvrir leurs frontières. De là leur impuissance à garantir au minimum la sécurité alimentaire, voire mieux la souveraineté alimentaire, soutenue par des subventions publiques à l'agriculture, des aides aux produits de première nécessité, des financements, de la formation, de la recherche en agroécologie, des maisons de semences paysannes, des stocks de sécurité, etc.

En revanche, les pays de la Triade[1] ont versé près d'un milliard de dollars par jour à leurs agriculteurs pendant les dernières décennies. Ces subventions sont enfin en baisse, les États-Unis ont en même supprimé certaines en 2014 comme l'Europe qui n'accorde plus les dramatiques aides à l'exportation, très destructrices de l'agriculture du Sud.

■ Techniques agricoles

Les engrais de synthèse à base de pétrole et de gaz ont fait disparaître les fermes où élevages et cultures de céréales étaient associés. Les prairies et les champs de céréales nourrissaient les élevages, les fumiers et les lisiers favorisaient le renouvellement de l'humus des champs et maintenaient leur fertilité. Une ferme en polyculture-élevage exige plus de bras, donc plus d'emplois mais moins de transports, peu d'intrants extérieurs et produit beaucoup moins de GES, l'inverse de la spécialisation actuelle des exploitations engendrée par l'alignement des prix sur le moins disant mondial résultant du libre-échange.

Aujourd'hui dans les exploitations céréalières, une moissonneuse-batteuse et quelques gros tracteurs et remorques permettent à deux personnes de récolter et transporter jusqu'au silo près de 3 000 tonnes d'équivalent céréales en quelques semaines.

1. Europe, Amérique du Nord, Japon.

La PAC favorise les zones spécialisées. Dans la Beauce, ce sont les céréales et en Bretagne l'élevage. Tant pis si les céréaliers sont contraints d'utiliser les engrais chimiques à la place des fumiers et les Bretons, par manque de paille, d'élever leurs cochons sur des claies en béton. D'un côté les quantités d'engrais utilisées par les céréaliers augmentent car la fertilité des sols se détériore, de l'autre les éleveurs n'ayant pas de paille déversent-inondent les champs de leurs lisiers. Ceux-là mêmes qui se retrouvent dans les rivières et les eaux sous forme de nitrates en quantités ingérables, et sont à l'origine des fameuses algues vertes qui polluent lourdement le littoral breton.

Que l'on raisonne en termes de coûts financiers pour les agriculteurs, de coûts écologiques ou en termes d'emplois, le résultat est mauvais. Ce système ne peut survivre qu'en restant sous perfusion des subventions de la PAC et avec le soutien constant du ministère de l'agriculture, lui-même sous l'influence du « ministère bis » (on désigne ainsi en France le syndicat FNSEA), et des lobbies de l'agroalimentaire.

La montée inexorable du prix du pétrole, les émissions de GES qu'il va falloir faire baisser de gré ou de force, la perte progressive de rendement, les pollutions ingérables et la montée continue du chômage imposeront de revenir à un équilibre écologique et social. L'agrobusiness et l'Europe ne pourront indéfiniment contrecarrer les demandes de la population réclamant une nourriture sans pesticides, des eaux douces non polluées, des plages sans algues vertes, des abeilles pour polliniser les fleurs, un arrêt du réchauffement climatique et une activité pour tous.

Tout ceci ouvre logiquement un boulevard à l'agriculture biologique. Elle pollue peu, n'externalise pas ses coûts et, généralisée, serait capable en quelques décennies de faire baisser les températures moyennes de la terre[1]. Son retard n'est dû qu'aux mensonges et au bio-scepticisme instillés

1. GRAIN, *Hold-up sur l'alimentation*, GRAIN-Cetim, 2012.

par les firmes de l'agrobusiness, comme l'on fait avant eux les industriels du tabac ou ceux de l'amiante niant les problèmes de santé dont ils étaient responsables, et comme le font les lobbies du pétrole en inventant le climato-scepticisme à coup de centaines de millions de dollars.

■ Exportation agricole et protéines animales

Les surproductions de la révolution verte ont été utilisées comme aliment du bétail, ce qui a conduit à l'augmentation du cheptel et de la consommation de viande. La Russie dans les années 1970 et d'autres pays furent les exutoires des millions de tonnes de blé, montagnes de beurre à prix cassé, stocks de viandes congelées ou lait en poudre, mais c'était encore insuffisant. Grâce aux aides financières à l'exportation, ces surplus ont alors envahi les PED.

Par cette double stratégie le productivisme a non seulement résorbé ces surplus, mais a même augmenté ses productions céréalières et animales. Comment ? En important des protéines de soja à bas prix, provenant en majorité du Brésil et d'Argentine, issues à 80 % de cultures OGM. Sans ces énormes apports de l'extractivisme agricole étranger, nul doute que le prix des viandes et produits laitiers serait beaucoup plus élevé et la production quantitativement très inférieure. Pourquoi ? Vendre des steaks et des produits laitiers rapporte infiniment plus que vendre des patates, du blé, des légumes secs et des épis de maïs. Carnivore ou végétarien sont des choix qui dépassent la question du goût, car ils ont des conséquences géopolitiques considérables.

Le cocktail qui fait augmenter le prix des denrées alimentaires, la spéculation qui l'amplifie

Si la montée et la volatilité du prix des denrées agricoles est multifactorielle, ce sont des choix politiques qui font augmenter la demande de végétaux et créent depuis quelques années une nouvelle rareté. Alors que durant des décennies les prix ont été bas, depuis 2005-2008, on assiste à un retournement. Bien que les quantités produites soient au plus haut, elles restent insuffisantes pour répondre à la demande. Comment est-ce possible ?

Les causes de fond de cette croissance des prix – doublement du prix des trois principales céréales, blé, maïs, riz et d'autres denrées alimentaires comme les oléoprotéagineux depuis les années 2005-2008 – sont multiples. Les deux principales sont la transformation d'une grande part du maïs états-unien en éthanol et la spéculation sur les denrées alimentaires. Les autres, la croissance de la consommation de viande plus celle de la démographie mondiale, la perte de surfaces agricoles et les perturbations climatiques liées au réchauffement, n'ont eu que des impacts ponctuels. Dans les décennies à venir, leurs conséquences seront préoccupantes, voire catastrophiques.

Libre-échange

Le commerce international des céréales concerne 12 % de la production mondiale. Le reste est vendu sur les marchés locaux ou autoconsommé. Pourtant, les cours mondiaux, cotés dans les bourses du Nord, seront pour le blé, le maïs, le soja, le riz, etc., celui du producteur le plus important. Ainsi pour le maïs, c'est le prix états-unien qui sera la référence. Étant fortement subventionné, ce prix trop bas mettra les producteurs sans aide dans de grandes difficultés. Ce système de concurrence déloyale est clairement un moyen de conquête des marchés agricoles des pays qui ne peuvent subventionner leur agriculture. Particulièrement les PED contraints de baisser leurs barrières douanières sous les « ordres » du FMI comme conditionnalités des prêts de secours. De plus, l'OMC poussant à la libre circulation des biens et denrées agricoles sur le plan mondial, ces pays se retrouvent sans défense face à des exportations de denrées en *dumping*. Les accords de libre-échange de Doha, patronnés par l'OMC depuis 2001, n'ont jamais abouti à cause du refus des pays émergents d'ouvrir leurs frontières à ces produits subventionnés. Le GMT, le grand marché transatlantique, en cours de discussion dans la plus grande opacité entre l'Europe et les États-Unis, vise entre autres à contourner cet obstacle. Pire que le projet de Doha, il vise à supprimer les règlements sanitaires ou écologiques permettant de défendre l'agriculture européenne contre le poulet lavé au chlore, le porc élevé à la ractopamine, le bœuf aux hormones ou la culture des OGM.

Ce libre-échange faussé est mortifère pour l'agriculture familiale en concurrence directe avec les productions industrielles et subventionnées des grands pays exportateurs. Ruinés et contraints à l'exil vers les villes, les agriculteurs n'approvisionnent plus les marchés locaux. La place est alors libre pour les productions importées en dumping, ce qui est pourtant illégal ! Cela est d'autant plus injuste et dommageable que le productivisme a de moins bons rendements que l'agriculture vivrière biologique réalisée avec le bon matériel et les bonnes semences paysannes, particulièrement au Sud[1].

L'exemple du Mexique est emblématique. La signature de l'Accord de Libre-échange de l'Amérique du Nord, l'Alena[2], en 1994, a fait disparaître les taxes douanières qui protégeaient les petits producteurs. Le maïs états-unien, moins cher grâce aux aides publiques, est alors entré massivement, ruinant de nombreux paysans mexicains contraints d'abandonner leurs champs. Originaire du Mexique, le maïs est la base de l'alimentation et de la culture de ce pays, comme le riz en Asie. Or, le prix du maïs a quasiment triplé en 2008, atteignant 240 € la tonne. Le prix de la tortilla, le plat national, a flambé, produisant faim et misère, la production

1. GRAIN, *Hold-up sur l'alimentation*, GRAIN-Cetim, 2012.
2. États-Unis, Canada, Mexique.

mexicaine étant devenue insuffisante pour contrecarrer cette hausse et la population trop pauvre pour y faire face.

Agrocarburants

Dans un redoutable effet cocktail, libre-échange, agrocarburant et spéculation ont amplifié la montée des prix. La part du maïs états-unien transformé en éthanol atteint près de 40 %. L'agroéconomiste Jacques Berthelot[1] fait un lien direct entre diminution des stocks de céréales, liée à ce maïs converti en agrocarburant, et augmentation des prix mondiaux.

En France, l'équivalent de l'ensemble de la production des oléoprotéagineux, colza et tournesol, est utilisé comme substitut du pétrole pour les agrocarburants et la chimie « verte ». Des subventions publiques sont données aux producteurs de colza-tournesol ainsi que des aides publiques aux industries de transformation de ce pétrole « vert ». Est-il acceptable que Sofiprotéol, le premier groupe français de la filière des huiles et protéines végétales, soit dirigé par Xavier Beulin, président de la FNSEA, syndicat agricole majoritaire et « ministère bis » de l'agriculture ? Un tel conflit d'intérêts n'émeut quasiment personne alors que la France est devenue importatrice pour sa propre consommation d'huile de palme et de soja, produits qui détruisent les forêts primaires en Asie, Amérique du Sud et Afrique.

> Ces carburants censés être « verts » affichent en réalité, pour certains, un bilan environnemental calamiteux, lorsque les plantations destinées aux agrocarburants entraînent la destruction de forêts ou de prairies en Amazonie ou en Indonésie, et donc une perte d'écosystèmes captant le CO_2[2].

1. Jacques Berthelot, *Réguler les prix agricoles*, L'Harmattan, 2013.
2. http://abonnes.lemonde.fr/planete/article/2013/09/11/le-parlement-europeen-plafonne-les-agrocarburants-juges-nuisibles_3474080_3244.html

En Afrique, alors que près de la moitié de la population est en état de sous-alimentation, l'énorme mouvement d'accaparement de terres est en partie dédié à la production d'agrocarburants : palmier à huile, jatropha, etc. En Amérique du Sud, une part importante des terres est affectée à la canne à sucre pour l'éthanol, au soja pour le biodiesel, en Asie à l'huile de palme, aussi pour le biodiesel !

En transformant des végétaux cultivés en énergie liquide on transforme virtuellement les terres arables en champs de derricks. Aucun geyser de liquide noir et visqueux ne jaillira de ces terres, mais le prix des agrocarburants produits sera indexé sur celui du pétrole. Selon l'AIE, « La production de pétrole conventionnel a atteint son pic historique en 2006, elle n'augmentera plus jamais[1] », le pic général ne devrait pas tarder à se produire. Selon Matthieu Auzanneau, « Le boom des pétroles de schiste ne pourra pas se poursuivre au-delà de 2020, d'après le scénario de référence avancé par Washington[2]. » La production ne pouvant plus suivre la consommation, le prix des énergies augmentera fortement au cours des années à venir. Ainsi, le prix des terres comme celui des denrées alimentaires continueront à augmenter tant que les agrocarburants et la chimie « verte » absorberont une part importante de la production agricole mondiale. Ce qui ne pourra qu'exacerber la spéculation sur les terres et provoquer d'autres accaparements si rien n'est fait au niveau mondial pour les contrecarrer.

Si les gouvernements s'accordaient enfin pour sortir les denrées alimentaires des marchés financiers, il leur faudrait aussi en retirer les terres. Ce qui impliquerait de leur redonner le statut de biens communs, et ainsi de faire primer le

---

1. http://petrole.blog.lemonde.fr/2010/11/18/tout-va-bien-le-peak-oil-est-atteint-dit-lagence-internationale-de-lenergie/
2. http://petrole.blog.lemonde.fr/2013/05/20/petrole-lannee-2012-a-la-croisee-des-chemins/#more-8149

droit d'usage sur celui de propriété. Ce que nous défendons vivement. Le paysan agriculteur doit redevenir locataire temporaire de la terre de ses enfants si nous ne voulons pas que le monde se transforme en une gigantesque barbarie dans laquelle ceux qui meurent de faim regardent ceux qui conso-gaspillent et réciproquement. Avec la télévision et internet n'est-ce pas déjà commencé ?

Viandes et protéines animales

Le productivisme a transformé « les animaux d'élevage en ressources naturelles au même titre que le charbon ou la forêt[1] ». Or l'augmentation de la consommation de viande sur la planète sera bientôt un paramètre important dans la montée des prix des denrées alimentaires. Chaque Européen consomme en moyenne 70 kg de viande par an, les États-uniens plus de 120 kg. La Chine a accru sa consommation de 55 % en dix ans[2], l'Inde traditionnellement végétarienne et d'autres pays veulent atteindre le standard de vie des Occidentaux. Sachant qu'il faut environ 6,5 protéines végétales (PV) pour produire une protéine animale (PA), que se passera-t-il si cette tendance se maintient ?

En suivant la croissance actuelle, une augmentation de 15 % de la consommation mondiale de viandes et sous-produits animaux pour les décennies à venir entraînerait le doublement de la production de protéines végétales : 6,5 PV x 15 % = 97,5 % PV. Sans raser les forêts ni pomper toutes les eaux douces disponibles, il est impossible de doubler cette production. L'accroissement de la demande en aliment du bétail sera un facteur supplémentaire de dégradations environnementales et de famines dans un contexte de montée des prix des céréales, de guerre pour l'eau et d'inégalités croissantes.

1. Jocelyne Porcher, *Les Z'Indignés*, n° 15, mai 2014.
2. http://www.monde-diplomatique.fr/2013/04/STIENNE/48972

Spéculation sur les denrées alimentaires

Un rapport d'Oxfam, « Banques, la faim leur profite bien[1] », explique que la finance occupe 65 % du marché des dérivés agricoles en 2013 contre 35 % pour les commerçants et les producteurs. BNP Parisbas, Crédit Agricole, Société Générale et BPCE y sont très présentes, Jean Ziegler parle de « banditisme bancaire[2] ». Les mastodontes du commerce agroalimentaire, comme Glencore, Cargill, Louis Dreyfus, Mitsubishi, etc.[3], profitant de leurs positions monopolistiques, sont souvent les premiers à spéculer.

> Si l'on regarde les trois aliments de base (le maïs, le riz et le blé), qui couvrent 75 % de la consommation mondiale, leurs prix ont explosé. En dix-huit mois, le prix du maïs a augmenté de 93 %, la tonne de riz est passée de 105 à 1 010 dollars et la tonne de blé meunier a doublé depuis septembre 2010, passant à 271 euros. Cette explosion des prix dégage des profits astronomiques pour les spéculateurs, mais tue dans les bidonvilles des centaines de milliers de femmes, d'hommes et d'enfants[4].

Il est important de comprendre que « loin de flamber, les prix mondiaux se seraient effondrés[5] », comme l'explique J. Berthelot, sans la transformation du maïs états-unien en éthanol et la réduction des stocks qui en découle. Entre 2006 et 2013, la production mondiale aurait en effet été largement supérieure à la demande. Régulation

1. http://www.oxfamfrance.org/tags/banques-faim-leur-profite-bien
2. Journal *Libération*, 12.02.2013.
3. Les profits des négociants de matières premières dépassent ceux des banques : http://abonnes.lemonde.fr/economie/article/2013/04/16/les-profits-des-negociants-de-matieres-premieres-depassent-ceux-des-banques_3160114_3234.html
4. Jean Ziegler cité par Éric Toussaint, http://cadtm.org/Les-banques-speculent-sur-les
5. J. Berthelot, *Réguler les prix agricoles*, éd L'Harmattan, 2013.

publique et stockages de sécurité restent indispensables pour stabiliser les prix et pouvoir répondre à la demande en cas de baisse de la production, si l'on ne veut plus voir les prix flamber et les populations fragiles subir de nouvelles famines.

Imaginons qu'une stratégie spéculative – la mise sur le marché d'un très gros stock virtuel (achat à terme) ou réel – amplifie la baisse du prix du riz au moment de la récolte, car elle semble être mondialement abondante, c'est bien le producteur qui verra son investissement et son travail sous-rémunéré. Et si, plus tard, les investisseurs font monter les prix par des achats de masse, le spéculateur ayant fait des achats virtuels ou stockés réellement gagnera encore beaucoup d'argent une deuxième fois au détriment du producteur qui aura déjà vendu sa récolte à bas prix. Les spéculateurs ne font pas de l'argent avec de l'argent, comme ils le font croire avec leurs algorithmes, produits dérivés ou *trading* à haute fréquence, mais bien avec la sueur des autres, généralement celle des pauvres qu'ils transforment alors en misérables.

La volatilité des prix est catastrophique pour les populations des villes comme pour celles des campagnes. N'ayant que de très faibles revenus, elles subissent frontalement les désastres du renchérissement. Celles qui sont loin des villes, et donc loin des médias, souffrent ou meurent dans un silence criminel. Quant au paysan il ne peut emprunter pour des achats de semences, de terres ou de matériels sans risquer de tout perdre, s'il n'a pas quelques certitudes sur les prix des denrées produites durant la période de son remboursement. Il est indispensable que les gouvernements des PED recréent des stocks publics et instaurer des prélèvements douaniers variables aux frontières sur les importations de denrées alimentaires subventionnées vendues en dumping.

Impacts des transformations du climat sur l'agriculture

Nouvelles sécheresses, saisons des pluies transformées en cyclones dévastateurs, températures des régions chaudes en hausse, l'agriculture n'est pas à la fête. En 2013, la saison des pluies, au Nord de Madagascar, s'est arrêtée avant que les grains de riz n'aient pu se former. Imaginez la Beauce, cette immense et riche plaine agricole, couverte de blés sans épis ni grain ! Les citoyens seront certainement mis à contribution alors que la responsabilité de l'agrobusiness dans le chaos climatique est déterminante. De plus en Beauce, la couche de terre fertile est passée d'un mètre à vingt-cinq/trente-cinq centimètres en cinquante ans : érosions éoliennes et hydriques sont favorisées par le productivisme. Combien d'années faudra-t-il pour qu'il ne reste plus que la roche mère stérile si les lobbies réussissent à maintenir encore quelques décennies cette agriculture dévastatrice ?

Les décalages de saison affectent lourdement les agricultures paysannes et l'alimentation de nombreux humains. Quand ce sont des pays continents qui sont affectés, comme l'Australie qui manque d'eau ou la Russie qui s'enflamme sur d'immenses surfaces, les prix mondiaux s'en ressentent. Si les énormes inondations en Thaïlande en 2011, le premier exportateur de riz, n'ont pas vraiment affecté l'approvisionnement mondial, combien de temps cela durera-t-il ? Le pic de la production mondiale de denrées alimentaires ne va-t-il pas être lui aussi atteint rapidement ?

Bien que New York, avec l'ouragan Sandy, et d'autres régions des États-Unis aient été gravement touchés par les événements météorologiques exceptionnels en 2012-2013, la population états-unienne ne connaît pas encore de problèmes d'approvisionnement alimentaire. Arrogance et absence de clairvoyance, Bush avait dit que le niveau de vie des Américains n'était pas négociable en refusant toute limitation des GES au sommet de la terre en 1992.

Barack Obama, seize ans après, a fait une déclaration fort différente :

> « Nous ne pouvons pas conduire des 4x4, manger autant que nous le désirons, garder nos maisons à 20 °C par tous les temps et espérer tout simplement que les autres pays vont être d'accord. Ce n'est pas ça, le leadership[1]. »

En effet, dans une décennie ou deux, la raréfaction de l'eau douce et les transformations du climat poseront de gravissimes problèmes d'accès à l'alimentation dans de nombreux pays. Selon Luc Gnacadja, responsable de la lutte contre la désertification à l'ONU : « Ce n'est qu'en prévenant cette dégradation que nous pourrons faire face aux défis des changements climatiques, de la croissance démographique, de la réduction de la pauvreté et de la sécurité alimentaire », précisant que « 12 millions d'hectares de terres productives étaient perdus chaque année »[2].

La fonte rapide des grands glaciers d'Amérique et d'Asie risque d'être insurmontable pour l'approvisionnement alimentaire. Ce sont plusieurs milliards d'humains qui vivent dans les régions irriguées par les grands fleuves. Et ces phénomènes risquent d'être renforcés par des sécheresses de plus en plus fréquentes. Le Pakistan, l'Inde et la Chine ont déjà commencé une guerre de basse intensité pour les ressources en eau.

> Le réchauffement climatique et son impact sur la fonte des glaciers himalayens, qui accroît les risques d'inondation à court terme, ajoutent aux inquiétudes ambiantes. L'Inde se situe au cœur de ce puzzle « hydropolitique ». Dès que l'on décortique les contentieux avec ses voisins, le partage de l'eau de l'Himalaya s'impose comme une source majeure de frictions. Avec la Chine, la controverse n'a cessé de s'aiguiser ces

1. http://www.liberation.fr/tribune/2008/08/08/environnement-un-discours-de-rupture_77733
2. http://www.un.org/News/fr-press/docs/2012/Conf120326-DESERT.doc.htm

dernières années. Elle se focalise sur les projets chinois le long du Brahmapoutre, lequel prend sa source au Tibet, ainsi que sur la plupart des grands fleuves d'Asie[1].

Ce ne sont pas les OGM, ou les cultivars tous terrains – incapables de pousser sans irrigation, ni « béquilles » chimiques ni pétrole – produits par les grands monopoles semenciers internationaux[2] qui pourront fournir des solutions adaptées à la sécheresse ou à la surabondance de pluies. D'autant plus que les graines brevetées issues de la biotechnologie ne sont pas reproductibles localement. À l'inverse, les semences de terroirs que les paysans sélectionnent et échangent entre eux, comme ils l'ont fait depuis des millénaires, sont adaptatives et résilientes. C'est bien le maintien et l'abondance de la biodiversité qui fournira une réponse adaptée au défi du changement climatique. Il serait temps que les centres de recherche publique se consacrent enfin à l'agroécologie, plutôt qu'à l'agriculture conventionnelle.

Les grands monopoles semenciers ont obtenu que les agriculteurs ne puissent plus utiliser leurs propres semences sans leur payer une redevance. Profondément injuste, cette interdiction est surtout un non-sens écologique. En faisant disparaître à terme la diversité des semences paysannes et locales, elle nous expose collectivement à d'immenses famines comme la planète n'en a jamais connu. Pierre Henri Gouyon[3], spécialiste de la génétique des plantes, explique dans une courte vidéo « Les OGM et la panne de la biodiversité agricole », qu'une maladie, incurable rapidement, pourrait toucher une des variétés planétaires et provoquer une famine mondiale. Ce n'est donc pas une vue de

1. http://www.lemonde.fr/cgi-bin/ACHATS/acheter.cgi?offre=ARCHIVES&type_item=ART_ARCH_30J&objet_id=1185328&xtmc=chine_inde_pakistan_eau&xtcr=15

2. Monsanto, Syngenta, DuPont, Limagrain sont les plus importants.

3. http://abonnes.lemonde.fr/sciences/video/2014/07/13/les-ogm-et-la-panne-de-la-biodiversite-agricole_4456266_1650684.html

l'esprit des opposants aux OGM et au productivisme agricole. Quand on voit les images de l'armée colombienne[1] éventrer des sacs de semences paysannes, au nom d'un accord de libre-échange avec les États-Unis, il est plus que temps de réagir, par exemple en soutenant les « Faucheurs volontaires. »

L'indispensable dépérissement de l'agro-extractivisme et du conso-gaspillage alimentaire

L'agro-extractivisme profite-t-il aux populations ? Dans les PED la réponse est non. La faim, la sous-alimentation et la carence en nutriments de milliards de personnes montrent que le productivisme agricole, malgré ses « succès », ne nourrit toujours pas les populations des pays à faible revenu. Quant aux populations des pays industrialisés, si elles profitent des prix, en apparence peu élevés, et de quantités abondantes, c'est d'abord à cause des subventions publiques tirées de leurs impôts, ensuite à l'externalisation négative des coûts cachés, enfin au détriment de la qualité nutritionnelle. Les prix des maladies engendrées par les pollutions agricoles (air, terre, eau et aliments) ne sont pas chiffrés alors qu'ils sont considérables. Le coût environnemental et social des extractions diverses à l'étranger, nécessaires au productivisme agricole, est lui aussi rarement comptabilisé.

L'agriculture conventionnelle est-elle rentable et offre-t-elle un prix modéré pour les populations ?

Non ! La majorité des exploitations des pays occidentaux feraient rapidement faillite sans les subventions publiques, sachant que les agriculteurs sont pour la plupart très endettés. Si nous appliquions la loi du pollueur-payeur,

1. « 9.70 Documentary » de Victoria Solano.

une évidence que comprend un enfant de dix ans, l'Europe deviendrait rapidement un désert agricole, à moins de rejoindre à marche forcée les 5 % de surfaces en AB. Aucun obstacle naturel, technique ou touchant à l'approvisionnement n'empêche que toute l'agriculture européenne passe progressivement au bio. Hormis les industriels des pesticides comme ceux des engrais et des semences mutées qui pratiquent le pollueur-payé par nous tous. Les 500 millions d'Européens seraient ultra-gagnants aussi bien sur le plan de la santé publique et de l'environnement que sur le plan financier : démonstration plus bas.

Quant aux agriculteurs du Sud, non seulement ils subissent la concurrence déloyale des produits subventionnés de l'agriculture industrielle à cause du système du libre-échange imposé, mais en plus ils perdent leurs terres et le travail qui les nourrit aux profits des accapareurs productivistes. Ceux d'entre eux qui pratiquent l'agriculture conventionnelle, issue de la « révolution verte », voient leurs terres perdre leur fertilité, voire se saliniser ou s'éroder, et ainsi devenir incultes. Dans les pays chauds la couche d'humus est plus fragile et les terres se salinisent avec les engrais chimiques et l'irrigation. Seules les grandes entités, exploitant des terres spoliées sans payer le prix de la destruction de la fertilité des sols ni de la pollution des eaux, ont un bilan financier positif. N'oublions pas que 284 000 paysans indiens se sont suicidés pour surendettement après être tombés dans les dettes de la « révolution verte » et de la biotechnologie, comme l'explique Vandana Shiva.

Selon l'agronome Jacques Caplat, la dépollution des eaux (nitrates et pesticides) coûte en France entre 800 et 2 400 euros par hectare cultivé en mode conventionnel (engrais et pesticides)[1]. Ce qui peut parfois être plus élevé

---

1. Jacques Caplat, agronome, conférence à Clamecy, mai 2013, à St-Julien-du-Sault en juin 2014 ; Jacques Caplat, *L'agriculture biologique pour nourrir la planète*, Actes Sud, 2012.

que la valeur brute des récoltes par hectare. Le fait que la dépollution soit payée par les consommateurs d'eau est un détournement qui profite aux compagnies privées qui distribuent et épurent la ressource, mais surtout aux fabricants d'engrais et de pesticides qui en sont responsables et en tirent de grands profits sans payer la dépollution. Les droits des utilisateurs d'eau comme ceux de la nature sont bafoués.

L'agroécologie véritable n'est pas extractiviste

L'impact de l'agriculture biologique, AB, sur la destruction de la biodiversité, la pollution de l'air, des terres et des eaux est faible. Mais une monoculture clonale de céréales menée en biologie ne peut être classée comme agroécologique. Remplacer les intrants chimiques par des organiques est excellent mais non suffisant. De nombreux impacts négatifs comme l'érosion des sols ou la perte de fertilité perdureront si cette agriculture n'est qu'un autre productivisme agricole avec la chimie en moins.

Actuellement, les rendements céréaliers de l'agriculture biologique se rapprochent du conventionnel. Quant au bilan comptable, il est d'ores et déjà meilleur pour l'AB. « Il y a beaucoup de preuves montrant que les agriculteurs biologiques gagnent plus que les agriculteurs conventionnels à travers le monde[1]. »

Quand on intègre les externalités négatives du conventionnel, la comparaison des bilans devient catastrophique pour ce dernier. Si la dépollution des eaux coûte en moyenne dans le conventionnel près de 1 600 euros par hectare cultivé et par an, la perte de biodiversité comme la disparition des abeilles ou le coût de la pollution des terres, de l'air et des aliments ne sont pas évalués. Les impacts des pesticides sur la santé créent beaucoup de souffrance. Selon

1. http://yonnelautre.fr/spip.php?article4296

François Veillerette de Générations futures, « Moult études ont désormais établi le lien entre pesticides et cancers, maladies neurodégénératives (Alzheimer et Parkinson...), difficultés de reproduction, malformations génitales, autisme... Et les premières victimes sont les agriculteurs eux-mêmes[1]. »

Quant à la part du réchauffement climatique due à ce type de pratique agricole, elle coûte déjà très cher, et entraîne au Sud les premières migrations climatiques. C'est pourquoi il est légitime d'affirmer que les produits issus de l'AB ont des coûts financiers, humains, écologiques et sanitaires incomparablement plus bas.

Pourtant on ne cesse d'entendre que le bio est trop cher. En apparence, c'est vrai puisque les coûts cachés du conventionnel sont externalisés. Multinationales des semences brevetées, producteurs de pesticides et d'engrais, grands transformateurs et distributeurs alimentaires, compagnies d'eau et de publicité, médias et banques, lobby médico-pharmaceutique, tous soumis à une recherche effrénée de dividendes, mentent. Tant qu'ils réussiront à cacher et faire prendre en charge les externalités négatives de l'agriculture productiviste par la population, ils parviendront à ralentir le développement de l'AB. Alors le futur, santé des peuples et biotope naturel, continuera de s'assombrir.

Le consommateur paie sa nourriture six fois. Après l'avoir achetée, il la paie une deuxième fois avec les subventions versées à l'agriculture, ensuite une troisième en ouvrant le robinet avec les taxes pour la dépollution de l'eau (pesticides et nitrates), qui seraient inutiles avec l'AB. Il paie une quatrième fois en allant chez le médecin, bien souvent pour des ALD (diabète, cancer, obésité, etc.) dont l'origine est alimentaire et environnementale[2]. Il paie une

1. *Libération*, 17 juillet 2014.
2. André Cicolella, *Toxique planète*, Seuil, 2014.

cinquième fois en subissant les conséquences de la perte accélérée de la biodiversité (pollinisateurs, végétaux, animaux) et enfin une sixième en supportant les premiers dégâts du réchauffement-dérèglement climatique dus à cette agriculture. Carotte, yaourt, blé, poulet, etc., coûteraient en réalité aux citoyens cinq à dix fois moins cher si l'AB était universalisée. Une méta-analyse de l'université de Newcastle « montre que l'alimentation biologique, outre qu'elle ne contient pas de résidus de pesticides et qu'elle protège l'environnement, produit des aliments aux qualités nutritionnelles intrinsèques très favorables à la santé[1] » « Les fruits et légumes bio, plus riches en antioxydants » titre *Le Monde*[2].

L'association Grain démontre que le système agroalimentaire occidental, du champ à la bouche, est responsable de 50 % des émissions de GES, sa persistance est donc un crime contre le climat, les peuples et les générations futures.

> « 25 à 40 % du CO_2 actuellement en excès dans l'atmosphère provient de la destruction des sols et de leur matière organique, la MOS. Or il est possible de réincorporer dans le sol le CO_2 relâché par l'épuisement des sols, la qualité de la MOS pourrait être restaurée à des niveaux préindustriels en moins de cinquante ans, le temps qu'il a fallu à l'agriculture industrielle pour la réduire[3]. »

Quand les intérêts privés priment de façon aussi évidente sur l'intérêt général, que les gouvernements et les administrations publiques ne défendent plus les citoyens

1. http://research.ncl.ac.uk/nefg/QOF/documents/14-06-12%20Final%20Crops%20Paper%20BJN5552.pdf
2. http://abonnes.lemonde.fr/planete/article/2014/07/22/les-fruits-et-legumes-bio-plus-riches-en-antioxydants_4461076_3244.html
3. GRAIN, *Hold-up sur l'alimentation*, GRAIN-Cetim, 2012. Par la photosynthèse, les plantes avec l'énergie du soleil captent du CO_2 et piègent ce gaz dans la biomasse du sol.

mais une agriculture productiviste mettant notre avenir en danger, il est possible d'affirmer qu'un système de type maffieux a pris le pouvoir sur nos champs, notre alimentation, notre santé et notre biotope. Cet agrobusiness est condamné, mais il peut encore durer si nous ne l'empêchons de continuer à nuire par notre résistance active. En 1906 on savait déjà que l'amiante était cancérigène... il a fallu attendre un siècle pour qu'il soit interdit. Combien de degrés, de souffrances, et de morts avant que cesse le crime de malnutrition globalisée ?

Malnutritions au Sud et au Nord

> Selon la FAO, « alors même que près de 870 millions de personnes souffrent de la faim, le monde est de plus en plus confronté à un double fardeau lié à l'alimentation : d'une part, la sous-alimentation chronique et les carences en micronutriments et, d'autre part, l'obésité, le surpoids et les maladies non transmissibles qui en dérivent[1] ».

Il est paradoxal de constater que les deux tiers des personnes souffrant de la faim sont des populations rurales vivant dans le Sud ! « La croissance agricole impliquant les petits exploitants, notamment les femmes, sera d'autant plus efficace dans la réduction de l'extrême pauvreté et de la faim qu'elle permettra de créer des emplois pour les pauvres[2]. » Ainsi les montagnes de céréales et de viandes produites dans les pays industrialisés n'améliorent en rien l'alimentation de ceux qui n'ont pas les moyens financiers de se les procurer : les 98 % d'affamés vivant dans les PED. Par ailleurs selon l'association Solidarités internationales, « 50 % de la population mondiale n'a pas accès à une

1. http://www.fao.org/news/story/fr/item/161824/icode/
2. http://www.fao.org/news/story/fr/item/161824/icode/.

eau potable, dont 1,9 milliard de personnes qui n'ont pas d'autre choix que de boire une eau dangereuse[1]. »

Suralimentation au nord : malnutrition partout

La première conséquence de la consommation alimentaire débridée – modèle auquel tous aimeraient accéder – est l'immense ponction extractiviste faite sur les ressources végétales de la planète par les populations des pays conso-gaspilleurs. Selon l'analyse des Amis de la terre,

> « les hauts niveaux de consommation en Europe, et notre forte consommation de viande, de produits laitiers et autres denrées dont la production laitière, requièrent de larges surfaces, gonflent de façon insoutenable notre besoin en terres. L'Europe mobilise ainsi 640 millions d'hectares par an pour sa consommation, soit 1,5 fois sa propre superficie[2] ».

Dans les pays industrialisés, 3 600 calories sont absorbées par personne en moyenne chaque jour, alors que 2 500 suffisent largement pour bien vivre.

> « 65 % de la population mondiale habitent dans des pays où le surpoids et l'obésité tuent plus de gens que l'insuffisance pondérale[3]. En arrivant en ville, les habitants des villages enrichissent leur régime alimentaire en aliments à forte quantité énergétique mais faible qualité nutritionnelle. Ce qui explique que les populations de ces pays sont à la fois touchées par le surpoids et la dénutrition[4]. »

De nombreux obèses se trouvent dans les classes les moins favorisées des pays industrialisés. Leur dénominateur

1. http://www.solidarites.org/fr/agissons-pour-l-eau.
2. http://www.amisdelaterre.org/Plus-de-la-moitie-des-terres-que-l.html.
3. Rapport OMS mars 2011 http://www.who.int/mediacentre/factsheets/fs311/fr/index.html.
4. http://www.tv5.org/cms/chaine-francophone/Les-dossiers-de-la-redaction/info/obesite-pays-en-developpement-aout-2010/p-11237-L-obesite-une-nouvelle-epidemie-mondiale.htm.

commun est la consommation de *junk food*. En 2013, 120 millions de jeunes Chinois étaient concernés par l'obésité. Selon une étude de l'université de Washington de 2014, 2,1 milliards d'humains sont en surpoids et selon la FAO plus de deux milliards d'humains ne mangent pas assez. Il n'y aurait donc qu'un tiers des humains à n'être pas sous-nutris, ni suralimentés ou malnutris !

De la sobriété au gaspillage ou comment le modèle occidental d'alimentation a été artificiellement construit

La grande majorité de nos ancêtres, jusqu'avant la dernière guerre mondiale, mangeait peu de protéines animales. Dans les villes et les bourgs, il fallait faire avec ce que l'on trouvait dans le voisinage, les fermes de proximité, les petits commerçants et les marchés locaux. Plusieurs milliards de personnes vivent encore ainsi.

Parler de frugalité, même heureuse comme Pierre Rabhi ou joyeuse comme Paul Ariès, est insupportable pour les habitants des pays industrialisés – les 20 % qui consomment 80 % des richesses de notre terre. Et pourtant l'équilibre alimentaire en protéines se situait souvent bien au-delà de 70 % de protéines végétales et 30 % de protéines animales au début du XXe siècle. Ce ratio a été complètement inversé dans les pays industrialisés en moins d'un siècle. La décolonisation de notre imaginaire, pas facile à faire, nous permettrait de trier entre les pseudo-désirs, les faux besoins et les messages de santé mensongers qu'instillent en permanence la propagande consumériste. Pour cela il faudra instituer la tolérance zéro à l'égard des mystifications ou réels mensonges de la publicité. On en rêve ! Une fois de plus c'est à nous tous de résister, avec le RAP[1] par exemple, car les gouvernements ne font rien.

1. Résistance à l'agression publicitaire.

Alors que la tradition paysanne valorisait la sobriété alimentaire depuis des millénaires, il n'a fallu que quelques décennies pour fabriquer des mangeurs capables d'absorber les surproductions chroniques issues de la « révolution verte ». Du simple usage des aliments on est passé au conso-gaspillage. Obsolescence programmée des biens matériels, mode de la viande et gâchis alimentaire relèvent de la croissance du PIB, pas d'un chemin vers le BNB, l'indice du bonheur national brut du Bhoutan.

Nous mangeons trop et trop riche, car tout nous y pousse, de la publicité à la mode du tout prêt, et même jusqu'aux conseils des nutritionnistes et diététiciens, dont la formation a été corrompue par le système agroalimentaire[1]. L'exemple des laitages recommandés pour contrecarrer l'ostéoporose est emblématique de ces mensonges orchestrés par l'agrobusiness[2]. Cette folle consommation de protéines animales fait des nantis, les Occidentaux en particulier, des pilleurs extractivistes et des réchauffeurs du climat qui s'ignorent… plus ou moins !

Le mythe du modèle carné

> *Un jour viendra où l'idée que, pour se nourrir, les hommes du passé élevaient et massacraient des êtres vivants et exposaient complaisamment leur chair en lambeaux dans des vitrines inspirera sans doute la même répulsion qu'aux voyageurs du* XVI*e* *ou du* XVII*e* *siècle les repas cannibales des sauvages…*
>
> *Claude Lévi-Strauss*

Depuis quelques décennies les affections de longue durée, les ALD, sont en augmentation constante précisément

1. Paul Scheffer, « *To be or not lobbies* », Les Z'Indignés, avril 2012, et http://cadtm.org/Indispensable-desobeissance
2. Thierry Souccar, *Lait, mensonges et propagande*, 2008, et Le mythe de l'ostéoporose, 2013.

dans tous les pays où la consommation de protéines animales s'accroît. De longues études scientifiques faites par T. Campbell démontrent très clairement le lien entre augmentation des maladies chroniques ou ALD et consommation débridée de produits animaux.

Si l'ensemble des humains ne consommaient que des viandes d'élevages entièrement nourris localement ou mieux, devenaient végétariens, la moitié des terres utilisées par l'agriculture mondiale, voire moins, suffirait pour alimenter 10 milliards d'humains. Aujourd'hui, selon Agnès Stienne, « les pâturages recouvrent 60 % des terres agricoles, le fourrage quant à lui occupe 35 % des terres arables. Au total, 78 % des terres agricoles sont ainsi dédiées au bétail et à son alimentation[1] ». Ainsi la faim aurait disparu et les accaparements de terres seraient devenus inutiles. Nous pourrions retrouver de grandes forêts pour réguler le climat : régime des pluies et température.

La filière de la viande a tout fait pour démontrer, sans preuve, que la croissance de cette consommation était bénéfique pour la santé. Devenue indissociable du progrès social elle est aussi une consommation ostentatoire – mise en évidence par Veblen[2] – ou une rivalité mimétique, concept développé par René Girard[3]. Chacun désire ce que l'autre possède ou consomme. Dans le système de valeurs matérialistes, l'inégalité sociale vécue à travers le différentiel du niveau de richesses, alimentaires ici, conduira chacun à utiliser les codes de reconnaissance sociale des classes supérieures, même s'il n'en a pas les moyens financiers.

En 2011, la France a imposé de servir des protéines animales dans les écoles, « chaque repas doit comporter un

1. http://blog.mondediplo.net/2012-06-21-Quand-l-industrie-de-la-viande-devore-la-planete

2. T. Veblen, *Théorie de la classe de loisir* (1899), Poche Gallimard, 1979.

3. René Girard, *La violence et le sacré*, Hachette, 1972.

plat protidique… à base de viandes, poissons, œufs, abats ou fromages ». La Sodexho a voulu faire une journée sans viande dans ses 700 cantines en France. En expliquant qu'un kilogramme de viande de veau pollue autant qu'un trajet auto de 220 km et que le carnivore européen moyen aura mangé dans sa vie 760 poulets, 20 porcs, 29 moutons et 5 bœufs. Elle a été contrainte de faire marche arrière par le lobby de la viande[1].

Surpoids, expansion des affections de longue durée (ALD) et diminution de l'espérance de vie sans incapacité (EVSI)

■ Mal-mangeurs et sur-mangeurs

À Dakar, selon la militante Penda, sept femmes sur dix sont atteintes de diabète. Elles ignorent que les causes sont principalement d'origine alimentaire, en particulier la surabondance de sucre et graisses. Mais il y a plus, le « yassa poulet » traditionnel est constitué de brisures de riz thaïlandais chargées de pesticides pour le transport, d'oignons subventionnés d'Europe avec pesticides de conservation, de sauce tomate d'Italie en conserve, de bas morceaux de poulets industriels européens congelés – décongelés et recongelés – issus de bêtes vivant en détention et nourries au maïs subventionné européen, au soja OGM d'Amérique du Sud et abreuvé d'antibiotiques. Le sucre blanc issu de betteraves européennes subventionnées, cultivées aux engrais et aux pesticides, remplace dans le thé traditionnel le sucre de canne local ! D'après les estimations mondiales de l'OMS, il est prévu que 2,3 milliards de personnes seront en surpoids, dont 700 millions d'obèses, en 2015.

1. http://www.liberation.fr/terre/2012/06/13/no-steak-a-la-sodexo-la-fnsea-voit-rouge_826148

Selon la FAO, dans les pays à faible revenu :

> « Alors que les maladies infectieuses et la dénutrition continuent de sévir, les facteurs de risque de maladies non transmissibles comme l'obésité et le surpoids augmentent rapidement, surtout en milieu urbain. Il n'est pas rare de constater à la fois dénutrition et obésité dans un même pays, dans une même communauté voire dans un même ménage[1]. »

La très grande majorité des aliments transformés par l'agro-industrie ont non seulement perdu par raffinage, cuisson, congélation, stockage long ou irradiations, etc., une grande partie de leurs nutriments, mais contiennent en plus des résidus de la chimie agricole et alimentaire. Les Chinois et les Indiens en augmentant leur consommation de viande sont maintenant atteints par les mêmes ALD dont ils étaient indemnes auparavant : obésité, maladies cardio-vasculaires, diabète, cancers, problèmes d'articulations ou neurologiques, etc.

> « La population chinoise (prise dans son ensemble) consomme deux fois plus de viande que les Américains, selon l'USDA, et le quart de la production mondiale. Pourtant la consommation chinoise de viande par tête d'habitant correspond à la moitié de celle d'un Américain[2]. »

Cette surabondance alimentaire profite en amont aux fournisseurs d'intrants et en aval aux transformateurs, aux secteurs du déchet et de la santé en passant par les banques et les assurances jusqu'aux maisons de fin de vie. Face au conso-gaspillage alimentaire, qui n'enrichit réellement que les 1 % de l'oligarchie, la sobriété, bien que non financièrement profitable, s'imposera comme seule capable d'assurer le bien-vivre au plus grand nombre.

---

1. http://www.who.int/mediacentre/factsheets/fs311/fr/index.htm
2. http://www.ubifrance.fr/chine/001B1202335A+chine-consommation-de-viande-deux-fois-superieure-a-celle-des-usa.html

« Avec Yoplait dans sa gamme – un gros succès, dont les yaourts contiennent deux fois plus de sucre que des marshmallows – il est l'un des plus concernés. Et il (Stephen Sanger) va droit au but : “Ne me parlez pas de nutrition. Parlez-moi de goût et, si un produit a meilleur goût, n'essayez pas de me faire vendre autre chose qui a moins bon goût.” En clair, ils nous disaient : “Vous ne croyez pas qu'on va gâcher les bijoux de famille et changer nos formules parce qu'une bande de gars en blouse blanche se soucie de l'obésité.” Nous sommes en 1999. Aujourd'hui, aux États-Unis, un adulte sur trois est considéré cliniquement obèse, un enfant sur cinq ; 24 millions d'Américains sont atteints de diabète de type 2, près de 79 millions de pré-diabète et 7 millions souffrent de goutte, la “maladie des riches” associée à la gloutonnerie. Le sucre, le sel et les matières grasses les en remercient[1]. »

L'obésité est un problème majeur de santé publique, contre laquelle les États ne font quasiment rien. Certains régimes alimentaires pour maigrir, à base quasi exclusive de protéines d'origine animale, ont un immense succès. Ces régimes hypoglucidiques type Dukan ou Atkins vont dans le sens du lobby agroalimentaire. Au-delà de la réussite immédiate dans la perte de poids, la santé future de ceux qui suivent un tel régime sera mise en péril. Le rapport Campbell, déjà cité, qualifie ces régimes à faible teneur en hydrates de carbone de *bombe à retardement*. « La plupart des gens seront totalement incapables de suivre ce régime pour le reste de leur vie, et même si quelqu'un réussit à le faire, ce sera au prix de sérieux problèmes de santé. » Et, avec l'impact catastrophique de la consommation de viande sur la planète, on est abasourdi par l'ignorance générale et le silence des autorités publiques de santé. On accentue le développement de l'agro-extractivisme destructeur de notre biotope par une amplification de

1. http://abonnes.lemonde.fr/style/article/2013/05/10/les-dealers-de-l-agroalimentaire_3174301_1575563.html

l'alimentation à base de protéines animales pour perdre du poids ! Génial !

Les causes de l'obésité peuvent être génétiques, psychologiques, environnementales (perturbateurs endocriniens). Une dose infinitésimale, quelques molécules de Bisphénol A[1], de phtalates, de perfluorés ou de certains pesticides, peuvent être dramatiques pour le fœtus, son avenir d'adulte et même celui de ses descendants. Mais elles sont surtout d'origine industrielle et publicitaire, notamment pour les moins favorisés. « Le tour de taille des individus augmente avec les difficultés financières déclarées[2]. »

Les obèses emmagasinent les graisses et les sucres rapides, ainsi que les molécules chimiques ajoutées par l'industrie alimentaire. Devant les messages répétés de la télécratie, les enfants dont l'esprit critique n'a pas été suffisamment développé, que ce soit par leurs parents ou par l'école, seront les premiers touchés. Ils auront d'autant plus de difficultés, devenus adultes, à résister aux tentations du conso-gaspi alimentaire qu'ils y auront été accrochés, de façon addictive, dans la période de structuration de leur cerveau, au moment de la création de leur environnement affectif et culturel. Bernard Stiegler explique que les enfants, pris en otage par les messages publicitaires et l'effet de mode qu'ils induisent, en devenant prescripteurs des achats de leurs parents, se transforment en « mineurs-adultes ». Et que plus tard, leurs désirs pulsionnels, en dominant leur comportement avec cette immédiateté propre aux enfants, viendront s'opposer à la structuration de leurs désirs d'adultes nécessitant un temps plus long. Ce qui en fera des « adultes-mineurs[3] ». Rien n'étant sérieusement engagé pour faire baisser l'intensité des mensonges

1. Il est interdit pour la fabrication des biberons et le sera pour tous les contenants alimentaires.
2. http://www.bastamag.net/Obesite-cette-maladie-de
3. Bernard Stiegler, *La télécratie contre la démocratie*, Flammarion, 2006.

et les ajouts de molécules chimiques dans l'alimentation, les obèses, victimes du système libéralo-consumériste dérégulé, sont instrumentalisés pour faire augmenter les profits du secteur.

Un tiers des terriens sont en surpoids ou obèses, avec un indice de masse corporelle, IMC, dépassant 25. On peut admettre qu'ils mangent beaucoup plus que ceux ayant un IMC normal, des aliments souvent de mauvaise qualité mais très profitables, tels ceux avec des ajouts : de sucre ou d'aspartame dans les yaourts et les sodas, ailleurs de sel, exhausteur dę goût retenant l'eau et augmentant le poids des viandes par exemple, qu'ils achètent en quantité. Pari réussi pour l'agrobusiness ! Il est parvenu à augmenter la consommation mondiale alimentaire, donc ses profits, dans des proportions considérables au détriment de la biodiversité, des eaux, du climat et de la santé humaine.

Un obèse aura sans doute dix fois plus recours aux services de santé (médecins, analyses, soins, hospitalisations, chirurgie, médicaments) qu'une personne avec un IMC inférieur à 25. Selon Karine Clément « L'obésité est une maladie complexe, avec de nombreuses répercussions sur la santé. Et notamment une série de maladies métaboliques, comme le diabète, les maladies cardiovasculaires et certains cancers (du sein, de l'utérus, du colon, du foie)[1]. » Ainsi aux États-Unis les 100 millions d'obèses auront des dépenses de santé qui pourraient être équivalentes à un milliard de personnes en bonne santé.

> De 36 % d'obèses en 2012, l'Amérique passerait à 42 % d'obèses en 2030. Ces 6 % d'augmentation du taux d'obésité entraîneraient un surplus en dépenses de santé de 550 milliards de dollars sur les deux prochaines décennies[2].

1. http://www.bastamag.net/Obesite-cette-maladie-de
2. http://www.atlantico.fr/decryptage/cout-obesite-etats-unis-500-milliards-dollars-2030-valeri-orsoni-360941.html#Io8vWpeyGFH29Deg.99

Si le service de santé est public, il sera d'autant plus vite en déficit que l'obésité augmentera. Alors la solution de la privatisation s'imposera, sans résoudre la cause. Dans le cas où il est privé, comme aux États-Unis, le multiplicateur des profits est considérable. Ce raisonnement peut être étendu à toutes les ALD, tels les problèmes cardio-vasculaires, diabètes, cancers, maladies neurologiques comme Parkinson, Alzheimer, etc. « Le coût de l'exposition aux perturbateurs endocriniens se chiffre en milliards[1]. »

Il est difficile d'accepter qu'être atteint d'une ALD nous transforme en un extraordinaire filon d'or pour le lobby de la santé. La malbouffe, indissociable des pollutions environnementales, est un levier efficace de l'extractivisme entendu comme pillage des ressources humaines et financières. La progression de l'agriculture et de l'alimentation industrielle, la bio qui stagne, les supermarchés et les restaurants fastfood toujours plus nombreux ne nous contraignent-ils pas tous, si nous ne résistons pas, à emprunter ce parcours alimentaire dégradé-dégradant voire mortifère, mais si profitable pour le 1 % ?

1. http://abonnes.lemonde.fr/planete/article/2014/06/20/le-cout-de-l-exposition-aux-perturbateurs-endocriniens-se-chiffre-en-milliards_4442039_3244.html

5.
Construire un monde post-extractiviste, post consumériste

Chapitre coécrit avec Robin Delobel

La société post-extractiviste existera demain quelle que soit la volonté de ceux que Jean Ziegler appelle « les saigneurs de la terre », ceux que les *Occupy* et les Indignés désignent comme les 1 %. La question est de savoir comment il est possible de la créer, avant qu'elle ne s'impose par la raréfaction des ressources naturelles et l'accélération des désastres climatiques et environnementaux. Dans un proche avenir, un effondrement des sociétés extractivo-consuméristes avec une montée de la barbarie, sont des probabilités fortes si rien ne change. Les métaux et les énergies fossiles sont des ressources finies dont les limites se rapprochent rapidement. L'eau douce, les sols agricoles, les forêts, les poissons, le sable sont aussi des ressources finies quand la capacité des écosystèmes à les renouveler est dépassée. Quant à la biodiversité, dont nous sommes un des éléments, elle est en chute libre pendant que le chaos climatique progresse.

Le choix auquel nous faisons face

L'agriculture productiviste, initiée par la « révolution verte », devra impérativement laisser la place à une agriculture respectueuse du climat, des sols, de l'environnement et de la santé des humains. Le gaspillage alimentaire et la consommation de viande devront diminuer très fortement si nous ne voulons pas que la désertification et la faim progressent de façon irréversible. L'utilisation démentielle des énergies fossiles aura des conséquences catastrophiques sur le climat tant la complexité des interactions est grande si nous restons sur la trajectoire actuelle. Quant aux apprentis sorciers de la géo-ingénierie, qui veulent nous faire croire qu'ils peuvent lutter contre le réchauffement avec des technologies démesurées plutôt que de s'attaquer aux émissions de GES des sociétés consuméristes, ils nous font courir des risques insensés, tel que l'arrêt de la mousson en Inde avec de gigantesques famines[1].

La croissance de la consommation des ressources naturelles, si elle se poursuit sur la trajectoire de ce début du XXIe siècle, donne chaque jour plus de poids à l'hypothèse de l'effondrement[2]. Même la BM[3] et l'AIE[4], des institutions qui ont toujours soutenu le pillage des ressources naturelles et les profits capitalistiques, sont d'accord pour dire que si nous ne laissons par les trois quarts des ressources fossiles dans le sol, l'augmentation de 2 °C, considérée comme une limite impérative par le GIEC, sera largement dépassée bien avant la fin du siècle[5].

L'agriculture productiviste – grande émettrice de GES – ne pourra faire face à un tel bouleversement climatique.

---

1. « Géo-ingénierie : scientifiques, militaires et milliardaires s'allient pour manipuler l'atmosphère » par Sophie Chapelle http://www.bastamag.net/article3404.html
2. Naomi Oreskes, *L'effondrement de la société occidentale*, Les Liens qui Libèrent, 2014.
3. La BM « redoute une hausse de la température du globe de 4 °C dès 2060. Un monde à + 4 °C déclencherait une cascade de changements cataclysmiques, dont des vagues de chaleur extrême, une chute des stocks alimentaires et une montée du niveau de la mer frappant des centaines de millions de personnes » http://www.lemonde.fr/planete/article/2012/11/19/la-banque-mondiale-redoute-le-cataclysme-d-une-hausse-de-4-c-de-la-temperature_1792492_3244.html
4. AIE, l'agence internationale de l'énergie, a été fondée par l'OCDE en 1974.
5. « Comment l'Europe et la Banque mondiale subventionnent le réchauffement climatique ». http://www.bastamag.net/article777.html

Elle ne sera pas plus capable de fonctionner avec un pétrole très cher, que de s'adapter suffisamment vite aux variations de températures et de saisonnalité des pluies ou des sécheresses, et donc de nourrir les immenses agglomérations. Violence, guerre, tyrannie deviendraient alors les dernières solutions pour le partage de la nourriture et de l'énergie mises en exergue dans le film *Mad Max*. Une autre agriculture résiliente au pétrole doit se développer rapidement. Que ce soit avec l'agroécologie urbaine, les ceintures maraîchères ou le redéploiement de l'agriculture paysanne et écologique, elle se fera avec des techniques respectueuses « des conditions de vie et du patrimoine naturel[1] ».

Quant aux énergies renouvelables, si elles sont de vraies solutions pour remplacer les énergies fossiles déclinantes et désastreuses pour le climat, elles nécessitent de grandes quantités de métaux et de ressources naturelles déjà limitées[2]. Le pic géologique, celui des matières premières minérales, le pic énergétique, le pic agricole et bientôt le *peak everything* seront bientôt atteints. Les énergies renouvelables ne seront une alternative crédible que dans la mesure où le gaspillage énergétique cessera. Inutile autant qu'impossible de construire des éoliennes si c'est pour consommer toujours plus. Il faut des ressources métalliques énormes pour fabriquer une grande éolienne : d'une à trois tonnes de cuivre et 500 kg ou plus d'aimants de néodyme, un des métaux contenus dans les terres rares. Il en va de même pour les panneaux solaires qui nécessitent argent, cuivre, silicium, plastique et terres rares. Quant aux centrales nucléaires, elles nécessitent encore plus de métaux rares tels que titane, cobalt, tantale, zirconium, hafnium, indium, argent, sélénium et lithium « alors que les réserves de tous ces métaux si spécifiques ne dépassent

1. Dominique Meda, « Nous vivons toujours dans la mystique de la croissance », *Libération*, 10/09/2013.
2. Philippe Bihouix, *L'âge des Low tech*, Seuil, 2014.

pas le siècle[1] ». Philippe Bihouix explique que la High Tech emballe le système.

Nous, les habitants des pays les plus prospères, sommes donc face à un choix très clair.

Soit décider volontairement de diminuer notre empreinte écologique, donc notre consommation matérielle, en réduisant fortement nos besoins en bois, minéraux, viandes, poissons, énergies (y compris d'origine renouvelable), eaux douces et terres arables. Aller vers la simplicité impliquera de remplacer ce système dans lequel règne la mode, l'obsolescence programmée et le gaspillage.

Soit laisser le *business as usual* continuer à détruire notre biotope au nom du « libre » échange, de la « libre » concurrence et de la « libre » entreprise, avec pour seule idéologie le grand mensonge libéral du TINA. Que les dominants veuillent se noyer dans des piscines de bénéfices pourrait nous laisser indifférents si leurs folies ne nous entraînaient dans une débâcle aussi certaine que collective. L'incapacité de nos décideurs politiques à interdire les PFJ ou à contraindre les banques trop grandes pour faire faillite à se scinder est le signe d'une connivence mortifère.

Pourquoi les banques ne continueraient-elles pas à jouer à la bourse-casino sur les matières premières, pétrole et nourriture ? Pourquoi ne pourraient-elles pas continuer à être sauvées par les contribuables quand elles risquent la faillite en entraînant celle de toute l'économie, nous disent-elles tranquillement ? Ces fameuses banques systémiques, *too big to jail*, trop grosses pour aller en prison, font grossir la dette publique par leurs combines d'évasions fiscales dans les paradis fiscaux, leurs délires mégalos et leurs prêts avec intérêts aux États.

N'oublions pas qu'en France, entre 50 et 70 milliards d'euros chaque année ne rentrent pas dans les caisses de l'État du fait de l'évasion fiscale pratiquée par les

1. Philippe Bihouix, *Penser la décroissance*, Presses de SciencePo, 2013.

détenteurs de capitaux. Alors que dans le même temps, ce même État impose aux contribuables, les 99 %, de leur payer 50 milliards d'euros au titre des intérêts de la dette, à 59 % illégitime[1]. Avec ces 100-120 milliards rajoutés au budget français, les politiques d'austérité deviendraient inutiles, le financement des défis écologiques et de la lutte contre les inégalités assuré.

Les 1 %, véritables junkies drogués aux profits, sont incapables de prendre en compte les conséquences de leurs spéculations, y compris sur leurs enfants. Ils sont pires que les héroïnomanes qui ne tueront qu'eux-mêmes. Leur imposer une longue période de sevrage est urgent. Inverser le rapport de force est indispensable pour ne pas voir transformer notre pseudo démocratie actuelle en dictature ou barbarie.

Il nous faut prendre en mains notre avenir et organiser un plan de sauvetage du peuple par le peuple. Les dirigeants politiques tout comme les responsables des grandes institutions financières, devenus les passe-plats des détenteurs de capitaux, n'hésitent plus à mentir ou à verser dans la schizophrénie. Olivier Blanchard, chef économiste du FMI, a expliqué fin 2012 que l'institution s'était trompée dans ces calculs et que les mesures d'austérité avaient en réalité des effets multiplicateurs augmentant la récession économique. Néanmoins, le FMI, à travers la Troïka, continue à imposer des mesures d'austérité aux pays européens, semblables à celles imposées depuis trente ans aux PED. Il impose à la Tunisie en 2014 des mesures d'austérité typiques des PAS en échange de nouveaux prêts, ainsi que le remboursement des prêts odieux de la période Ben Ali, de même qu'il continue, par ses conseils et ses prêts, à saigner le peuple grec.

La BM continue à prêter en 2013 des dizaines de milliards de dollars pour l'extraction des énergies fossiles et

1. Rapport co-rédigé par le CAC, Attac et le Cadtm en juin 2014. http://cadtm.org/Que-faire-de-la-dette

alerte dans le même temps sur les cataclysmes à venir provoqués par le réchauffement climatique. Pour gagner l'élection présidentielle française, le candidat François Hollande déclare que son plus grand ennemi est la finance, mais après deux ans de mandature, impose des mesures d'austérité au peuple, sanctifie la croissance du PIB, les profits des entreprises, rembourse une dette illégitime, et nomme un ancien banquier de Rothschild, ministre de l'économie.

Les résistances sont liées

Les résistances à l'extractivisme, à la dette illégitime, à l'agriculture productiviste, à la malnutrition au Sud et au Nord comme au réchauffement climatique réussiront quand la multitude des luttes locales, internationales et des expériences alternatives seront suffisamment puissantes pour créer un effet de bascule. Dans un monde aux ressources finies, la croissance du PIB est une folie destructrice que semblent ignorer la très grande majorité de nos concitoyens tout comme la quasi-totalité de nos élus. Les peuples retrouveront alors le sens de la vie en se réappropriant les grands choix de société. N'oublions jamais que l'ascenseur social et les classes moyennes occidentales sont nés du cataclysme financier de la crise de 1929. Et cela contre la volonté des détenteurs de capitaux et des patrons. Ce sont les révoltes des populations états-uniennes après la crise de 1929, la détermination des résistants européens dressés contre les armées nazies et les sacrifices du peuple russe arrêtant les armées d'Hitler plus ensuite le contrepoids du régime soviétique qui ont permis à cette économie mixte de se déployer.

Pour construire un monde post-extractiviste, avant qu'il ne s'impose brutalement, la décroissance des inégalités, de l'agriculture industrielle et de nos comportements barbares avec les pays du Sud sont indispensables. Une décroissance volontaire de la consommation des biens matériels et alimentaires pour le milliard et demi d'humains qui gaspillent abondamment est primordiale pour que d'autres peuples puissent avoir accès à une alimentation suffisante et une vie digne. Le modèle consumériste occidental issu de l'*american way of life* n'a été possible que par la conquête armée et le vol des ressources naturelles d'autres peuples par les Européens au cours des derniers siècles. Quand ce ne fut pas l'extermination quasi complète des populations indigènes en Amérique du Nord, Australie, Nouvelle Zélande et ailleurs. Aujourd'hui, cette conquête par dépossession extractive est encore accentuée par les grands pays émergents qui veulent leur part du grand festin. On les comprend même si on ne les approuve pas.

L'impossible rattrapage

Bien que les spoliations par les accaparements de terre ou par les exploitations de mines à ciel ouvert redoublent d'intensité en ce début de siècle, le système capitaliste ne pourra jamais offrir aux près de quatre milliards d'Indiens, de Chinois et d'Africains le même style de vie fondée sur le conso-gaspillage que celui du milliard d'habitants des pays de la Triade. Car cela n'a été possible qu'avec la profusion d'un pétrole à très bas prix que les Occidentaux ont dilapidé au cours du XXe siècle. Cela en saturant l'atmosphère de CO_2, 400 ppm en 2014 contre 280 il y a un siècle. Le banquet touche à sa fin, il faut partager les restes et cesser de dégrader le climat. Sinon, après la guerre économique en cours, c'est la violence des armes qui explosera. Les Africains – dont le nombre devrait atteindre deux milliards – comme d'autres peuples n'accepteront plus très longtemps d'être dépossédés de leurs richesses naturelles et d'avoir à subir le réchauffement dont ils ne sont pas responsables.

Pour que la trajectoire suicidaire actuelle s'infléchisse rapidement, les Européens et les états-uniens, pionniers et grands responsables du pillage extractiviste, « Pill-âge » ou « Occidentalocène », devraient être les premiers à diminuer très fortement leur empreinte écologique. Gandhi disait que c'est nous-mêmes qui devons changer si nous voulons que les autres changent. N'est-ce pas à ceux qui ont tant profité des richesses de la terre et du travail des autres peuples de construire un nouveau modèle post-extractiviste, post-consumériste, socialement juste et écologiquement soutenable ? Il est possible de vivre mieux, moralement et affectivement, en refusant d'être asservi par l'économie matérialiste. « Moins de biens plus de liens » proclament les objecteurs de croissance.

> « Il y a toujours un consommateur à la fin de la chaîne, et ce consommateur c'est vous et moi. Si nous voulons éviter un stress ingérable à l'avenir, nous devons renoncer aux idéaux du rêve américain et convaincre les politiciens que nous aspirons à autre chose que ce que le modèle consumériste du XXe siècle a forgé dans l'inconscient collectif de la plupart des sociétés. Des modes de vie soutenables, la décroissance... sont des pistes très enthousiasmantes[1]. »

La compétition devra être remplacée par la coopération, le gaspillage par les économies de ressources et la sobriété alimentaire, la propriété intellectuelle par les savoirs partagés pour que tous puissent accéder à une vie soutenable. Nos besoins pourront alors s'ajuster aux potentiels du renouvellement des écosystèmes pour que la planète bleue puisse continuer à offrir l'exceptionnel biotope qui a permis à la vie de naître et aux humains d'évoluer jusqu'à aujourd'hui. La conquête marchande et la civilisation industrielle se sont édifiées par des guerres, l'extension sans limites de la propriété privée, les destructions sociales et environnementales. Un avenir vivable pour tous ne pourra se construire qu'avec des relations fondées sur les communs, tendant vers le partage, la gratuité et donc la paix. « Vivre simplement pour

1. Harald Weltzer, *Libération*, 22 mars 2013.

que simplement d'autres puissent vivre » disait Gandhi. Les Latino-Américains avec le « *buen vivir* » font primer les relations avec les autres et la nature sur l'avoir. « Selon José Kaputa Lota, le "*plus être*" négro-africain implique la critique du développement entendu comme "simple croissance, simple accumulation de richesses matérielles"[1]. » Il en va de même avec le Bonheur National brut, le BNB du Bhoutan.

L'audit citoyen des dettes publiques

En Grèce la dette a atteint 175 % du PIB en 2014. Le chômage est à plus de 65 % pour les jeunes. Il y a de graves problèmes de santé publique, une croissance des suicides, une braderie du patrimoine aux entreprises privées (plages, îles et entreprises publiques, etc.) et la montée des néonazis. Cela est le résultat des conditionnalités imposées par la Troïka pour le remboursement aux banques d'une dette très majoritairement illégitime.

Des résistances se construisent, des groupes de citoyens expérimentent des manières de vivre basées sur l'autonomie, la solidarité et la gratuité, à travers des collectifs et des centres sociaux : échanges de semences, coopératives de production agricoles et de soins, repas autogérés et gratuits. Les mouvements de désobéissance se développent contre les grands projets miniers, contre l'extrême droite et pour un audit de la dette[2].

L'audit citoyen est un formidable moyen pour mettre au grand jour l'immense escroquerie que la dette représente, pour les peuples du Sud comme pour ceux du Nord, depuis la débâcle bancaire de 2008. Il consiste à analyser d'où vient la dette, à quoi elle a servi, qui détient ses titres, à chercher

1. Paul Ariès, *Amoureux du bien vivre*, Golias, 2013.
2. Roxanne Mitralias, émission « Terre à terre » sur France Culture, 11.05.2013.

si elle a été contractée dans l'intérêt de la population ou pas. Les dettes publiques illégitimes étant le levier de l'extractivisme et de l'asservissement des peuples, l'audit citoyen est le meilleur moyen de lutter contre ces deux fléaux. Il porte en lui la reconquête de la démocratie par le contrôle des finances de l'État. L'audit citoyen a pour but, aussi bien au niveau local qu'au niveau d'un pays voire d'un continent comme l'Europe, de comprendre comment l'argent des contribuables est dépensé par les gouvernements.

L'audit permet par exemple de comprendre que les déficits chroniques des budgets ne sont pas dus à un excès de dépenses, comme on aimerait nous le faire croire, mais bien à une diminution volontaire des recettes depuis bientôt trois décennies. Le recours à l'emprunt, l'évasion fiscale, les privatisations, les PPP, (partenariats public-privé) doivent être analysés comme des cadeaux faits aux multinationales et à leurs actionnaires, et non pas comme des nécessités économiques.

Les banques privées qui prêtent aux États et reçoivent les intérêts payés par les contribuables sont bien les vrais bénéficiaires, voire les véritables dirigeants, d'un système qui, en affaiblissant l'État, augmente le pillage des ressources humaines. Augmenter les impôts de la majorité pour faire face à la récession provoquée par les banques n'est-il pas une forme d'extractivisme appliquée à la plus-value produite par les travailleurs d'un pays ? Les GPII (les grands projets inutiles imposés) associés à des PPP comme l'aéroport Notre Dame Des Landes, le train à grande vitesse Lyon-Turin, les autoroutes vides (Pau-Langon) ou les éléphants blancs dans les PED doivent être compris eux aussi comme des cadeaux faits aux grandes entreprises privées avec l'argent public ou pire avec des emprunts d'États faits auprès des banques : double jackpot. Privatiser les profits, socialiser les pertes, c'est la logique privilégiée par les gouvernants adeptes du néolibéralisme en période de crise, mise en évidence par Naomi Klein dans son livre « La Stratégie du choc ».

L'Allemagne de l'Ouest avait obtenu en 1953 que le remboursement de sa dette de guerre ne dépasse jamais 5 % du montant de ses exportations annuelles. En réalité elle ne l'a jamais remboursée. Les Grecs, Portugais, Irlandais, Espagnols, seraient-ils plus fautifs que les Allemands des années quarante pour devoir subir de la part de la riche Europe une telle cure d'austérité ?

L'ensemble des dettes publiques peuvent être passées en revue par un audit citoyen qui agira comme un tamis en faisant apparaître toutes les dettes odieuses ou illégitimes, leur enlevant les assises pseudo-légales qui fondent leurs remboursements. « Je ne paie rien, car je ne dois rien » est le slogan des Grecs qui contestent les plans d'austérité successifs entraînant une récession économique équivalente à celle des PED qui, soumis aux mêmes plans d'austérité, sont maintenus dans la pauvreté depuis plus de trente ans.

En 2007-2008, sous l'impulsion de Rafael Correa, l'Équateur a organisé un audit gouvernemental et citoyen. Les travaux ont abouti à une annulation du remboursement de 70 % de la dette souveraine. L'Équateur n'a pas subi à ce jour de rétorsion de la finance internationale[1].

L'Argentine a cessé ses remboursements de dettes unilatéralement en 2001. Elle était au bord du gouffre économique, conséquence d'un endettement odieux hérité de la dictature militaire de Videla.

> « Durant les deux dernières décennies (avant 2001), l'Argentine est un élève zélé du FMI et applique à la lettre ses contre-réformes : libéralisation financière, licenciement massif de fonctionnaires, privatisation des entreprises publiques, ouverture de l'économie, gel des salaires, diminution drastique des budgets de l'éducation et de la santé... Malgré les politiques d'ajustement structurel, le pays est prisonnier de la spirale de l'endettement. La récession économique s'installe[2]. »

1. Nombreux articles sur cette question sur www.cadtm.org
2. http://www.cadtm.org/spip.php?page=imprimer&id_article=1455

Après trois années sans payer, elle a obtenu, après négociation, une annulation de 55 % du stock de sa dette (84 milliards de dollars). Les dix années suivantes, ce pays a eu un taux de croissance de plus de 7 %, malheureusement dans une logique économique extractiviste et libérale. Aujourd'hui, les « fonds vautours », des créanciers qui avaient acheté des dettes dévalorisées après la restructuration, ont obtenu, après un jugement de la cour suprême des États-Unis, le remboursement de leurs obligations à leur valeur nominale, multipliant par 1 600 leur mise de départ. Ils mettent l'économie de l'Argentine en péril. Elle tente de résister par tous les moyens légaux à ce qui pourrait se transformer en une catastrophe économique[1].

Le peuple d'Islande a obtenu, à force de casserolades, qu'il ne soit pas contraint d'assumer les dettes des banques en faillite. Depuis 2011-2012, ce pays a retrouvé un taux de croissance et de chômage que tous les pays européens lui envient. Agnès Rousseau écrit dans Bastamag « ... face à la pire crise bancaire de l'histoire, l'Islande fait passer les intérêts des citoyens avant ceux des banquiers. Et a décidé de mettre fin à l'impunité des délinquants de la finance[2] ». En décembre 2013 trois anciens banquiers et un important actionnaire de la banque Kaupthing ont été condamnés à plusieurs années de prison[3].

> « Comme le reconnaissent Kenneth Rogoff, ex-économiste en chef au FMI, et Carmen Reinhart : "Les circonstances dans lesquelles une dette a été accumulée peuvent affecter le regard du débiteur sur sa 'légitimité' et sa propension à la rembourser." Les prêts aux pays en difficulté sont conditionnés à des mesures d'austérité qui réduisent la souveraineté des États, violent les droits économiques et sociaux de leur population et ne permettront pas à ces pays de sortir de la crise. C'est

1. France-Inter 25.08.14, cadtm.org/Dettes-des-États-Les-fonds
2. http://www.bastamag.net/article3045.html
3. http://abonnes.lemonde.fr/europe/article/2013/12/12/l-islande-continue-de-juger-ses-anciens-banquiers_4333598_3214.html

> pourquoi les nouvelles dettes générées par ces accords qui imposent aux peuples des mesures d'austérité sans précédent sont odieuses et peuvent être remises en cause[1]. »

Quand les gouvernements sont complices, seule une très forte mobilisation de la population d'un pays permettra d'obtenir un audit et ensuite une annulation des dettes. N'oublions pas que les dettes publiques illégitimes ont un double rôle. Au Sud elles servent à contraindre les peuples et les pays endettés à exporter leurs matières premières à très bas coût pour ensuite exporter les devises nécessaires à leur remboursement vers les acteurs de la finance internationale. Au Nord, elles servent à contraindre les populations à perdre une part toujours plus importante des bénéfices de leur travail au profit de l'oligarchie financière. Que ce soit par la baisse des salaires, la privatisation des services publics ou l'augmentation de la charge de la dette sur le budget national, donc sur les contribuables. Leurs annulations sont fondamentales pour se rapprocher d'une société post-extractiviste dans laquelle la recherche du bien vivre, cher aux Équatoriens et aux Boliviens, primerait sur celui du toujours plus de consommation et de croissance.

Paradis fiscaux et judiciaires (PFJ), prix de transfert et contrôle des changes

Bloquer ou rendre inopérant l'utilisation des PFJ relève d'une décision politique. Selon le journaliste Denis Robert, on sait exactement où va l'argent mondial. Il suffit d'ajouter ou de supprimer quelques lignes dans les ordinateurs pour fermer la porte de ces enfers pour les 99 %. Autre solution, taxer les transactions financières non pas à hauteur de 0,01 %, mais entre 1 et 3 %. Cela enlèverait une bonne part

1. Damien Millet et Éric Toussaint, *La dette ou la vie*, Aden-Cadtm, 2012.

du bénéfice attendu de l'utilisation des PFJ. L'emploi de cette manne aiderait à faire disparaître les dettes publiques.

Pour lutter efficacement contre la grande pauvreté et la faim, la disparition des PFJ est fondamentale. L'extractivisme est lié à la dette et à la corruption dans les PED, le repenti John Perkins[1] le démontre avec des preuves et des témoignages. Ni les accaparements de terre ni les concessions minières, ni bien d'autres contrats léonins ne pourraient se faire sans ces trous noirs dans lesquels tombent les commissions qui vont corrompre les décideurs. Près de 100 millions d'hectares en Afrique ont été accaparés pour des loyers annuels ne dépassant pas un euro par hectare. Ces prix étant ridiculement bas, il est impossible que d'énormes soultes ne soient pas versées aux décideurs grâce à l'opacité des PFJ. De plus une grande partie des matières premières transite dans ces paradis pour actionnaires, enfer pour les citoyens ordinaires. Les bénéfices des multinationales n'y sont pas imposables.

Les dettes illégitimes vident les budgets des PED, les paradis fiscaux les privent de rentrées légitimes. Victor N'Zuzi[2] paysan-journaliste de RDC, fait une comparaison saisissante : il demande comment une personne à qui on aurait coupé les bras et les jambes ferait pour vivre et manger. Oxfam écrit en 2013

> « On estime que les fuites de capitaux illicites coûtent au moins 859 milliards de dollars par an aux PED. La Commission européenne estime que l'évasion fiscale coûterait chaque année près de 1 000 milliards d'euros à l'Union européenne, soit près de 2000 € pour chaque citoyen européen. En France, le Sénat estime que le coût pour le trésor public de l'évasion fiscale pourrait atteindre 50 milliards (par an)[3]. »

1. John Perkins, *Les confessions d'un assassin financier*, Alterre, 2005.
2. La voix de l'Afrique http://www.youtube.com/watch?v=vW9JscvQw0Y
3. http://www.oxfamfrance.org/actualites/justice-fiscale/quand-pays-riches-font-semblant-redecouvrir-scandale-des-paradis-fiscaux

La disparition du contrôle des changes a été imposée aux gouvernements du Sud par le FMI. Remettre ce contrôle aux frontières rendrait beaucoup plus difficiles les détournements et la corruption opérés grâce aux PFJ. Et contrairement à ce que la communication dominante veut nous faire croire, la demande en ressources naturelles est tellement forte que les multinationales extractivistes seraient bien obligées de s'y soumettre si une telle décision était prise de façon concertée par un groupe d'États du Sud. L'évasion fiscale, les détournements de fonds publics dans les PED, les prix invisibles des accaparements de terre, les bénéfices illicites ou criminels deviendraient alors beaucoup plus difficiles.

Le chiffre colossal du rapatriement des bénéfices obtenus par les multinationales dans les PED pourrait être connu et taxé en fonction des lois fiscales du pays et des pollutions environnementales produites. Les PED retrouveraient une liberté de gestion, des moyens de financement d'une autre ampleur que les pauvres prêts de secours des IFI's avec leurs terribles conditionnalités ultralibérales ou les misérables APD, provenant des pays extractivistes. Même le FMI lui-même le reconnaît enfin en 2014 « L'évasion fiscale des multinationales est mauvais pour l'économie mondiale et les pays pauvres. Pour chaque dollar d'aide que les PED reçoivent, près de dix dollars disparaissent à travers la corruption et l'évasion fiscale[1]. »

Pourquoi l'île de Jersey est-elle le premier exportateur de bananes ? Parce que les trois grands producteurs Dole, Chiquita et Fresh Del Monte, sociétés états-uniennes, se transforment en acheteurs-revendeurs de leur propre production. Comment ? En passant par des sociétés filiales dans ce paradis fiscal, elles minimisent leurs prix d'achat dans les pays producteurs d'Amérique latine et maximisent leurs prix de revente à d'autres filiales dans les

1. http://www.imf.org/external/np/pp/eng/2014/050914.pdf

pays consommateurs. Selon John Christensen de *Tax justice network*, les multinationales créent souvent une centrale d'achats aux Îles Caïmans, délocalisent leurs services financiers au Luxembourg, versent des royalties pour l'utilisation de la marque en Irlande, font facturer les coûts de transport sur l'Ile de Man, organisent le réseau de distribution à partir des Bermudes et paient les ressources humaines à Jersey. Ces escroqueries « légales », acceptées par nos gouvernements, enlèvent des recettes fiscales aux budgets des pays où la consommation a lieu. Le prix est volontairement si élevé que la plus-value faite sur la revente des bananes dans la filiale installée dans le pays acheteur n'offre qu'une très faible valeur ajoutée taxable.

L'ensemble de la plus-value faite par ces jeux d'écritures comptables est alors réalisée à Jersey et dans d'autres PFJ où l'impôt sur les sociétés n'existe pas. En enrichissant les actionnaires de ces multinationales, elles appauvrissent les peuples du Sud et du Nord de plusieurs façons. Le prix de vente des bananes à la production est artificiellement trop bas pour que les travailleurs des bananeraies reçoivent des salaires dignes et que les taxes sur les exportations dues aux pays producteurs puissent améliorer les conditions de vie de la population. La terre, l'eau et les travailleurs de ces pays ont produit les bananes, et en plus ils subissent la défertilisation due à ces monocultures, les pollutions de l'eau et du sol, les maladies provoquées par le très dangereux Paraquat.

C'est ainsi que les multinationales extractivistes opérant dans les PED pour les minerais, le pétrole ou les produits agricoles et sylvicoles, « optimisent », en réalité volent le pays producteur en ne payant que très peu de taxes.

Le rétablissement du contrôle des changes et l'interdiction du recours aux PFJ sont indispensables pour que les multinationales opérant dans les PED paient les impôts sur leurs bénéfices directement aux autorités des pays où production et « extraction » ont lieu. Cette rupture avec le dogme du libre-échange permettrait de rendre obligatoire le réinvestissement d'une part importante de ces bénéfices dans l'économie du pays. Aujourd'hui, les multinationales rapatrient « librement » la quasi-totalité vers leurs actionnaires. Ces mesures ne sont pas de même nature que le protectionnisme utilisé par les pays occidentaux aux XIX-XXe siècles, destiné à défendre leurs industries capitalistes dans un système de conquête internationale des marchés. On parle ici de protections légitimes contre l'évasion fiscale dans les PFJ.

L'aide publique au développement, l'APD, un moyen de l'extractivisme !

Une part très importante de l'APD française est gérée par l'AFD. Celle-ci administre les Contrats Désendettement-Développement, les C2D. De quoi s'agit-il ? Pour ne pas annuler une dette bilatérale, le plus souvent illégitime (soutien financier à un dictateur, argent détourné, aide liée, etc.) correspondant à un prêt fait par le gouvernement français à un pays de l'Afrique subsaharienne par exemple, l'État prêteur fait des C2D. Alors que la majeure partie de la population vit avec moins de deux dollars par jour, la France propose à ce pays que les remboursements de cette dette soient réinvestis dans le pays sous le contrôle de l'AFD. Ce système est éminemment retors puisqu'il qualifie d'APD les C2D. Ainsi il maintient la pression néocoloniale sur le pays pour obtenir l'accès privilégié à ses ressources naturelles ou favoriser une entreprise. De plus les C2D transforment le caractère illégitime ou odieux de la dette d'origine en aide généreuse. Pauline Imbach, dans le n° 17 (09/2014) de la revue *Les Z'Indignés*, nomme les C2D Contrat de Domination et d'Endettement. L'association Survie écrit :

> « [avec] les C2D sous couvert d'annulation de dette (que l'État bénéficiaire rembourse pourtant au final), des montants

colossaux sont versés pour financer des projets cornaqués par l'AFD et pour lesquels les entreprises françaises décrochent régulièrement le pactole[1] ».

Dans « Comment l'aide au développement se privatise au profit des grandes multinationales[2] », Bastamag cite un communiqué de la plateforme des PFJ, composé de différentes ONG, expliquant que Proparco, la banque adossée à l'AFD, « malgré son mandat de développement, agit comme n'importe quel investisseur privé, guidé par la rentabilité des projets plus que par leur impact réel sur l'amélioration des conditions de vie des populations des pays du Sud »

A contrario, la Norvège a fait réaliser un audit par le cabinet Deloitte de ses créances sur les PED. Il est apparu que trente-quatre de ses crédits à l'exportation vers des PED étaient douteux[3]. Elle avait déjà procédé en 2007, de manière unilatérale, à l'annulation des créances illégitimes qu'elle détenait sur l'Équateur, la Jamaïque, le Pérou, la Sierra Leone et l'Égypte[4]. Si ce pays reconnaît ses actes néocoloniaux, la France prend le chemin inverse !!!

« La main qui reçoit est toujours en dessous de celle qui donne » disait le grand écrivain malien Amadou Hampâté Bâ. L'APD ne porte-t-elle pas implicitement, derrière la générosité apparente, un potentiel de soumission ou de corruption de celui qui reçoit, voire des deux ? Peut-elle s'abstraire du « donner, recevoir, rendre », de l'équilibre entre ce qui est reçu et ce qui est rendu ? Colonialisme et néocolonialisme sont des « prendre sans rendre ». On

1. http://survie.org/francafrique/article/francafrique-un-engagement-non-4468
2. http://www.bastamag.net/Comment-l-aide-au-developpement-se
3. http://www.finances.net/infos/actions/La-Norv%C3%A8ge-examine-ses-vieux-pr%C3%AAts-et-en-trouve-de-probl%C3%A9matiques-575673
4. http://cadtm.org/Le-Bresil-l-Algerie-et-la-Norvege

parle d'« échange inégal » entre les matières premières exportées par les PED, dont la valeur restant au pays est extrêmement faible, et les produits manufacturés importés dont le prix est toujours plus élevé. L'APD française comme celle des autres pays industrialisés est si maigre qu'elle ne peut en aucun cas correspondre à un « rendre » capable de rééquilibrer son « prendre » extractiviste. C'est de la communication destinée à faciliter la prédation néo-coloniale.

Plutôt qu'une APD frelatée, la réparation-compensation de la dette écologique issue de l'extractivisme participerait à la création d'un authentique « rendre » de ces Européens et des autres qui ont tant « reçu-pris ». Mais les pays industrialisés sont paniqués à l'idée d'une décroissance matérielle, avec baisse de la consommation et du confort, fin du gaspillage et perte des profits que cela entraînerait. C'est bien la justice et l'égalité qu'ils refusent aux autres ! Et pourtant, n'est-ce pas vers une décroissance subie que nous précipite à grande vitesse le délire matérialo-extractiviste actuel ?

En quoi les miettes que représente l'APD mondiale de 130 milliards de dollars en 2010 – dont 5 à 10 % vont réellement à des projets améliorant la vie des trois milliards d'humains vivant avec moins de deux dollars par jour – peuvent être qualifiées d'aide réelle ? 10 % de 130 = 13 milliards de dollars divisé par 3 milliards de personnes = 4,30 dollars par an et par personne. Ce n'est rien comparé aux 400 milliards de dollars que les migrants envoient chaque année, soit 100 $ par an et par personne ou aux 300 milliards de dollars ou bien plus de bénéfices faits dans les PED que les multinationales rapatrient dans leur pays d'origine. Ou encore aux fonds très importants en provenance des PED, cachés dans les PFJ. De qui se moque-t-on ? Des peuples du Sud comme des naïfs et consentants citoyens du Nord qui pensent que l'on donne toujours trop aux pays pauvres !

L'APD doit être abandonnée et remplacée par un système d'échanges justes

Car, comme les dettes illégitimes, l'APD appartient à l'arsenal du néocolonialisme. Il serait plus intéressant pour les PED de remettre des taxes variables à leurs frontières sur les produits agricoles en provenance des pays industrialisés qui subventionnent leur agriculture avec près de 750 millions de dollars chaque jour en 2013. Selon Olivier de Schutter « les pays développés sont autorisés à subventionner leurs agriculteurs à hauteur de plus de 400 milliards de dollars, sans violer les règles de l'OMC[1] ». Une escroquerie !

Il faut choisir. Soit on accepte la pauvreté, le sous-développement, la faim, et on fait semblant de combattre avec des aides faussement charitables qui ne changeront rien aux causes structurelles de l'injustice globale. Ainsi en va-t-il de l'APD, des subventions et des prêts de secours conditionnés à des cures ultralibérales ou des bateaux de céréales payés par le PAM (programme alimentaire mondial) pour compenser a minima les effets catastrophiques du libre-échange imposé depuis trente ans et permettre de résorber les surplus du Nord.

Soit on favorise la voie de la justice et de l'égalité, en axant les réparations sur l'autonomie agricole, économique et politique des PED par l'annulation des dettes illégitimes, par la lutte contre la corruption et la disparition des PFJ. Ensuite, par des soutiens techniques et financiers – en compensation des siècles d'asservissement et de dégâts écologiques – les pays industrialisés pourraient contribuer à la transformation dans les PED de leurs matières premières extraites et surtout au déploiement d'une agroécologie paysanne efficiente, sans intrants extérieurs.

---

1. http://www.lafranceagricole.fr/actualite-agricole/commerce-international-les-subventions-agricoles-eternelle-epine-dans-le-pied-de-l-omc-81063.html#G4mEgZUhOSCysJWE.99

Agriculture, énergie, alimentation

Robert Hirsch démontre que la croissance du PIB mondial est liée à la croissance de la consommation de pétrole. Une courbe statistique de la FAO montre que l'évolution du prix des aliments est quasiment parallèle à celui du prix du pétrole. Avec le productivisme, les terres aptes à produire des agrocarburants sont des puits de pétrole potentiels. Leur prix comme celui des denrées alimentaires croîtront avec celui du pétrole. Que ce type d'agriculture soit en plus pétro-dépendant confirme que la raréfaction du pétrole et le danger que font courir à l'humanité ses émissions de GES mettent en grand danger l'alimentation des dix milliards d'humains à venir, si nous n'abandonnons pas le productivisme agricole et le gaspillage énergétique.

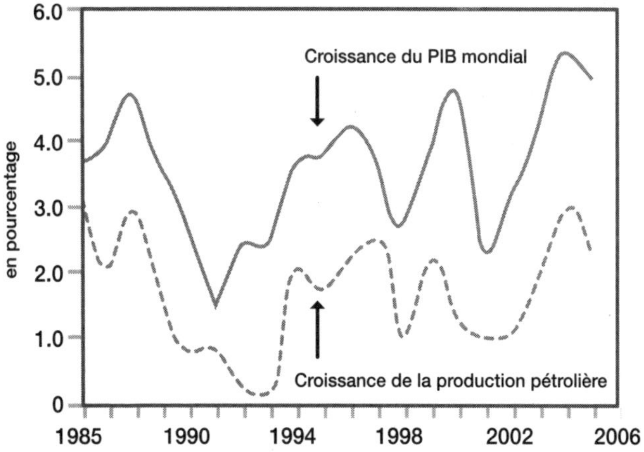

Variation du PIB et de la production pétrolière mondiale[1].

1. http://ourfiniteworld.com/oil-supply-limits-and-the-continuing-financial-crisis/

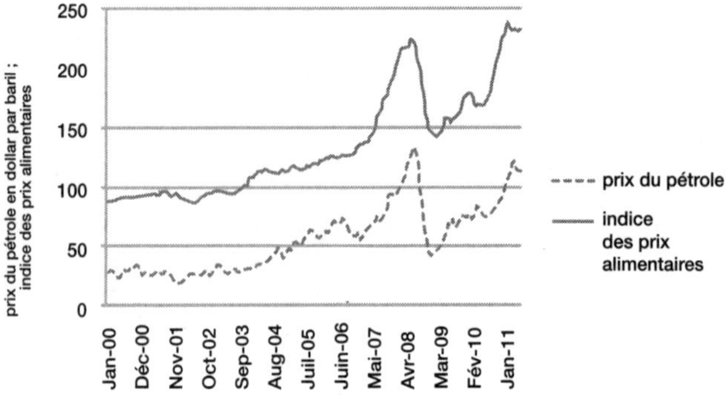

L'index FAO du prix des aliments versus le prix du pétrole de Brent[1]

Énergie

Pour baisser notre empreinte extractiviste, agir sur les secteurs du bâtiment et de l'énergie est essentiel. Il faut le répéter, il n'existe aucun substitut crédible au pétrole, une énergie encore bon marché en 2014. Les agrocarburants, l'électricité, l'hydrogène, ni *a fortiori* le charbon hyper polluant ne peuvent la remplacer[2]. Conserver un mode de vie acceptable, tout en diminuant fortement notre consommation énergétique, est possible.

En France, l'association Négawatt, composée d'ingénieurs-chercheurs spécialisés dans le domaine de l'énergie et de l'environnement, propose un programme pour vivre progressivement sans les énergies fossiles ni le nucléaire. Pour diminuer notre empreinte écologique et son impact

1. Gail "The Actuary" Tverberg: http://ourfiniteworld.com/
2. Richard Heinberg, *Pétrole, la fête est finie*, Résistances, 2008; Yves Cochet, *Pétrole Apocalypse*, Fayard, 2005.

sur le climat tout en se préservant des risques causés par le nucléaire, la priorité est de réduire nos consommations d'énergie par la sobriété, l'efficacité énergétique et bien sûr la mise en place des énergies renouvelables.

Le modèle Négawatt part des principaux besoins en énergie comme le chauffage, l'éclairage, l'électricité et la mobilité. Les deux secteurs sur lesquels l'association démontre que de grosses améliorations sont possibles sont le bâtiment – mise en place d'une politique forte de rénovation thermique et les transports – en limitant l'étalement urbain parallèlement à une politique de stimulation des transports moins polluants et collectifs. En suivant leurs recommandations, une fermeture progressive des centrales nucléaires arriverait à son terme en 2033. Plus poussé à chaque réédition, le scénario Négawatt 2012 adopte une analyse de l'impact de l'agroalimentaire et propose une forte réduction de la consommation de viande !

Les grandes compagnies pétrolières qui dominent notre monde sont inquiètes. Une bulle carbone n'est-elle pas en cours ? De très puissants groupes d'investisseurs (3 000 milliards de dollars) se posent la question de la valeur de leur placement dans ces multinationales.

> « Si l'on met en place les mesures nécessaires pour rester en deçà de 2 °C de réchauffement, l'essentiel des réserves fossiles d'énergie devra rester sous terre. Ces réserves risquent par conséquent de perdre leur valeur économique, tout comme, bien entendu, les compagnies qui les possèdent et les exploitent[1]. »

L'épuisement des ressources naturelles annoncé par le *peak everything*, comme le dépassement probable des limites du réchauffement, ne sont-ils pas aussi le signe que le *peak* du capitalisme est atteint. « D'ici à 2017, selon

1. http://petrole.blog.lemonde.fr/2013/11/22/climat-des-investisseurs-a-long-terme-redoutent-une-bulle-carbone/#more-9542

l'AIE, "la porte" qui permettrait d'empêcher un réchauffement supérieur à 2 °C sera fermée pour toujours. »

Les territoires en Transition

Malgré les omissions des médias et le travail des lobbies pétroliers pour créer du climato-scepticisme, le grand public comprend la problématique des énergies fossiles. Les gaz de schistes non seulement ne sauveront pas longtemps notre modèle énergivore mais réchaufferont encore plus rapidement notre planète[1]. Après avoir nié l'existence du pic pétrolier pendant des années, l'AIE a fini par reconnaître qu'il s'était produit en 2006[2]. Il s'agit-là du pétrole facile à extraire, mais le pic global ne devrait pas tarder. Or, selon le rapport Hirsch pour le département de l'Énergie des États-Unis, il faut dix à vingt ans pour se préparer aux impacts du pic pétrolier[3].

L'agriculture productiviste et l'alimentation des grandes villes se font à coups de millions de kilomètres et de barils de pétrole. Le système actuel ne pourra donc pas faire face à un choc pétrolier comme le doublement ou le triplement du prix s'il n'y a pas désaccoutumance et réorganisation dès à présent d'une agro-alimentation sobre en énergie fossile. Vers 2020, avec la fin probable du miracle des gaz et pétroles de schistes selon Mathieu Auzanneau, et la prise de conscience de la montée des températures, une forte augmentation du prix est plus que probable. Elle pourrait provoquer une famine catastrophique et un chaos social indescriptible si rien n'est fait entre-temps. Pourtant certains ont compris assez tôt ce défi immense.

---

1. Matthieu Auzanneau, *Pétrole, la fête est finie*, Blog Oil man http://petrole.blog.lemonde.fr
2. Hervé Kempf, *Le pic pétrolier a eu lieu en 2006*, http:/www.reporterre.net/spip.php?article1424
3. Rob Hopkins, *Manuel de Transition – De la Dépendance au Pétrole à la Résilience*, Écosociété, 2010.

C'est le cas de Rob Hopkins, un enseignant en permaculture qui a initié le mouvement de la Transition. À Totnes, il a démarré un processus de résilience au tout pétrole prenant en compte le problème du réchauffement climatique. Totnes est devenue la première *Transition Town.* On en compte maintenant des centaines dans le monde. L'objectif des initiatives de Transition est que la ville, le village ou la communauté organise sa résilience. Comme l'explique Rob Hopkins dans le Manuel de Transition, « dans le domaine de l'écologie, le terme fait référence à la capacité d'un écosystème à s'adapter à des événements (chocs) extérieurs[1] ». Les citoyens qui constituent un groupe de Transition visent donc à s'adapter à une pénurie pétrolière ou alimentaire, d'une manière démocratique et positive et non à la manière des survivalistes[2].

Agroécologie

Se préparer aux défis que représentent la raréfaction du pétrole, le réchauffement climatique et les crises économiques implique de trouver une nouvelle forme de sobriété et d'autonomie. Un moyen important de résilience existe dans la production alimentaire. Selon l'ONG Grain

> « si nous nous efforçons de restructurer l'agriculture et le système alimentaire global, en les articulant autour de la souveraineté alimentaire, de l'agriculture familiale, de l'agroécologie et des marchés locaux, nous pourrions réduire de moitié les émissions mondiales en quelques décennies[3] ».

L'agroécologie, à l'opposé de la « révolution verte », permet d'éliminer au maximum les gaspillages et d'utiliser

1. Rob Hopkins, *Manuel de Transition*, Écosociété, 2010, p. 60.
2. Mouvement issu des États-Unis, les survivalistes se préparent à des pénuries en stockant armes et nourritures dans leur maison.
3. GRAIN, *Hold-up sur l'alimentation*, GRAIN-Cetim, 2012, p. 109.

un minimum d'énergie. Elle est essentielle pour atteindre la souveraineté alimentaire: pas ou très peu d'intrants externes, pas de monocultures clonales même biologiques, association de plantes favorisant la croissance et la protection les unes des autres, respect de la biodiversité, utilisation de semences paysannes, forte intensité en main-d'œuvre et relocalisation générale de la production par la population.

Enseignée et répandue parmi les petits paysans des PED, elle permettrait de nourrir les plus pauvres[1]. Elle est adaptable à tous les terrains et à tous les climats, contrairement au productivisme. Non seulement ce dernier laisse près d'un milliard d'humains dans la sous-nutrition chronique, mais la disparition de la biodiversité, faune et flore, qu'il entraîne et son universalisation sont porteurs d'un grand risque de famine en cas de choc climatique ou de maladie grave sur une monoculture. Les nouvelles sécheresses, les fortes chaleurs, la croissance des cyclones et des inondations en sont les prémisses. Contrairement aux idées reçues, l'agroécologie bien menée est beaucoup plus productive à surface égale et socialement plus juste.

> « Les projets agroécologiques menés dans 57 PED ont entraîné une augmentation de rendement moyen de 80 %. De récents projets menés dans 20 pays africains ont même démontré un doublement des rendements des cultures sur une période de 3 à 10 ans[2]. »

La Via Campesina donne une définition courte de l'agroécologie,

> « elle est une véritable agriculture paysanne durable, fondée sur le retour aux méthodes d'agriculture traditionnelle, sur

1. http://cadtm.org/Quatre-portraits-d-ecologistes
2. Selon Olivier de Schutter de l'ONU: http://www.greenpeace.org/canada/fr/Blog/lagrocologie-peut-doubler-la-production-alime/blog/33660/

> le développement de nouvelles pratiques écologiques, sur le contrôle et la préservation des terres et des semences, ainsi que sur l'égalité sociale et entre les sexes[1] ».

Non seulement elle ne détruit pas la MOS – le fondement de la fertilité – mais elle est au contraire capable de la régénérer et de refroidir la planète. Avec de bonnes pratiques agroécologiques « on pourrait incorporer annuellement dans les sols entre trois et demi et cinq tonnes de matière organique par hectare de terre agricole. Ce qui permettrait de compenser entre 24 et 30 % des émissions mondiales de GES[2] ».

Ainsi, contrairement au productivisme agricole qui vide les campagnes, l'agroécologie nécessite une intensivité en main-d'œuvre apte à les repeupler. Ce qui va dans le sens de la relocalisation nécessaire de la production des aliments, et plus généralement des activités, pour faire face à la déplétion pétrolière et au réchauffement climatique. Il est aujourd'hui aussi indispensable de répartir le travail entre tous que de trouver de nouvelles activités. Avec la raréfaction et l'enchérissement du pétrole, les grandes villes seront des lieux de vies moins enviables et résilients que les campagnes. Détroit, l'ex-capitale de l'automobile américaine, a perdu le tiers de sa population, le chômage y est très important. Le maraîchage urbain coopératif et agroécologique participe grandement à la survie des habitants restants.

Dans un monde industrialisé et technologique, où les gains de productivité créent un chômage de masse chronique, les fausses solutions comme l'obsolescence programmée des objets, les dates de péremption inutiles de

1. http://viacampesina.org/fr/index.php/les-grands-ths-mainmenu-27/agriculture-paysanne-durable-mainmenu-42/725-declaration-de-surin-de-la-premiere-rencontre-mondiale-de-l-agroecologie-et-des-semences-paysannes
2. GRAIN, Hold-up sur l'alimentation, GRAIN-Cetim, 2012, p. 113.

certains aliments, les effets terrifiants de la mode instrumentalisée par la publicité ne peuvent qu'être abandonnés. Ces gestions court-termistes ne permettent déjà plus aux usines de continuer à fournir suffisamment d'emplois tout en accélérant la destruction de la planète. Elles n'ont pas plus de sens que le gaspillage énergétique et alimentaire poussant à produire toujours plus. Face à la déplétion des métaux comme à celle des énergies fossiles, la sobriété alimentaire comme la simplicité matérielle volontaire seront des valeurs de plus en plus désirables. Anabella Rosenberg de la CSI exprime cela crûment : « on ne créera pas d'emplois sur une planète morte[1] ».

Alimentation

Lutter contre l'extractivisme et le réchauffement résultant du modèle agroalimentaire imposé par l'agrobusiness passe nécessairement par une forme ou une autre de sobriété alimentaire. Même s'il est difficile de changer ses habitudes surtout quand la nourriture préparée par l'industrie devient une addiction (sel, sucre, viandes, produits laitiers, etc.), réussir à s'en évader n'amène que du mieux-être aussi bien sur le plan psychologique que sur celui de la santé. Cela commence aussi bien par des approvisionnements de proximité provenant d'agricultures familiales que par des autoproductions locales. Que ce soit dans les villes avec des jardins collectifs partagés, des productions faites dans des ceintures maraîchères, dans des AMAP de proximité (association pour le maintien de l'agriculture paysanne) ou dans les campagnes, les productions agricoles nécessitent d'être relocalisées. Le gaspillage énergétique de l'agriculture industrialisée est énorme. « Selon la FAO, pour obtenir un kilo de riz, un agriculteur américain utilise quatre-vingt

1. Confédération syndicale internationale http://www.bastamag.net/On-ne-creera-pas-d-emplois-sur-une

fois l'énergie commerciale nécessaire à l'agriculteur philippin[1]. » Les 50 % de GES émis mondialement par le mode alimentaire occidental sont la terrible conséquence du gaspillage généralisé.

Chacun peut changer ses habitudes et réapprendre à manger des fruits et des légumes de saison, autant que possible produits localement, éviter au maximum les produits préparés et/ou emballés et cuisiner des aliments bruts issus de l'agriculture biologique. Les aliments produits et préparés industriellement dont on ignore la provenance, mais dont on sait qu'ils ont parcouru des milliers de kilomètres, comme les transports intercontinentaux de fruits frais tropicaux ou des primeurs par avions et camions, ne sont pas écologiquement viables.

La production de protéines animales de mauvaise qualité, fabriquées dans des usines à viande gigantesques et mondialisées s'approvisionnant avec des sojas OGM, bourrés d'herbicides et traversant les océans, fait partie d'un système alimentaire écologiquement et socialement insoutenable. Il détruit les petits éleveurs des PED, anéantit les forêts, réchauffe la planète et est à la base de l'obésité et de bien d'autres ALD. Le modèle d'alimentation carnée globalisée, aux mains de multinationales toujours plus puissantes, comme l'énorme conglomérat Smithfield passé des mains états-uniennes à celles des chinois, n'est pas écologiquement viable. Son remplacement par un système d'élevage de proximité, intégré dans des fermes de polycultures-élevages familiales et agroécologiques sera bénéfique autant pour l'emploi et la santé que pour l'environnement et le climat.

Il serait préférable que les mangeurs de viande et les consommateurs de produits laitiers se limitent aux élevages locaux nourris sans apport externe d'aliments du bétail. Cela diminuerait fortement les quantités disponibles, ce

1. GRAIN, *Hold-up sur l'alimentation*, GRAIN-Cetim, 2012, p. 119. Énergie pour les engrais et les machines agricoles.

qui est une bonne chose quand on a compris que plus de 50 % des terres utilisées par l'Europe sont en dehors de ses frontières.

Relocalisation

> « C'est par l'alimentation qu'il est le plus sensé de commencer à reconstruire la résilience des communautés et de l'agriculture, mais les matériaux de construction, les textiles, le bois d'œuvre, l'énergie et les monnaies la suivent de près[1]. »

Redevenir le moins dépendant possible des énergies fossiles et des métaux est un impératif pour chaque action que l'on entreprend. Par exemple, le transport d'aliments sur de longues distances par camions ou les déplacements en automobile individuelle pour s'approvisionner au supermarché demandent énormément de matières premières, minérales et fossiles aussi bien pour la construction du matériel que son utilisation : l'écobilan est catastrophique. Comme le disent régulièrement les objecteurs de croissance, il s'agit de choisir entre la décroissance et la barbarie[2]. Geneviève Azam parle du choix entre l'autolimitation ou le capitalisme du désastre[3]. Opter pour la décroissance ou subir une récession forcée, il faut choisir, et vite. « À chaque point de croissance supplémentaire correspond une augmentation de 0,7 point d'émissions. Un ordre de grandeur qui se confirme tant dans le temps que dans l'espace[4]. » En supprimant la rente procurée par les capitaux : intérêts, dividendes et loyers, la croissance devient inutile.

---

1. Rob Hopkins, *Manuel de Transition – De la Dépendance au Pétrole à la Résilience*, Écosociété, 2010, p. 74.
2. Paul Ariès, *Décroissance ou barbarie*, Golias, 2009.
3. Geneviève Azam, *Le temps du monde fini*, Les Liens qui Libèrent, 2010.
4. http://blogs.mediapart.fr/blog/attac-france/120614/climat-le-business-usual-nest-plus-une-option

On ne pourra pas continuer à acheter des smartphones et des tablettes numériques tous les ans ou des voitures inutilement robotisées et lourdes. Il est nécessaire d'aller vers la société « low tech » proposée par Philippe Bihouix. Certaines professions qui ont presque disparu pourraient revoir le jour face à la nécessité de produire des biens durables. Des métiers fondés sur l'artisanat, la réparation et le recyclage seraient à nouveau sollicités. Cela permettrait de faire revivre les villes et les villages tout en diminuant notre empreinte extractiviste. Se détourner des supermarchés sera nécessaire, revitalisera les petits commerces et créera des emplois de proximité. Christian Jacquiau fait remarquer « qu'il est aujourd'hui clairement établi qu'un emploi créé en grande surface, le plus souvent précaire et à temps partiel non choisi, conduit à la destruction de cinq emplois stables et durables ailleurs[1] ».

Localement, nous pouvons produire beaucoup de choses essentielles : fruits, légumes, bois, médicaments, produits laitiers, fromages, savons, petits matériels... À travers la production régionale de bois par exemple, la construction de maisons et de meubles peut être relocalisée, entraînant une diminution des déplacements, des créations d'emplois et une utilisation plus responsable des ressources. Contrairement au modèle IKEA, qui, malgré ses beaux slogans, exploite les travailleurs et transporte les meubles à travers le monde[2]. Les initiatives telles que les AMAP et les SEL (Services d'Échanges Locaux) recréent autant une production alimentaire de proximité, résistance au tout pétrole, que du lien humain. La révolution des *Incredible Vegetables* – en France les « incroyables comestibles » – en montrant le pouvoir de la gratuité et du partage pour aller vers

1. Christian Jacquiau, *Les coulisses de la grande distribution*, Albin Michel, 2000.
2. O. Bailly, D. Lambert, J.-M. Caudron, *Ikea, un modèle à démonter*, Luc Pire, 2006.

plus d'autonomie, fait au passage une belle entaille dans la sacro-sainte propriété, la compétition et le renfermement sur soi.

> « Une habitante a décidé, en particulier à cause de la crise, d'abattre le mur qui isolait son jardin de la rue et de proposer aux habitants de se servir librement dans son potager. C'était il y a trois ans environ. Depuis, les potagers en libre-service ont fleuri un peu partout en ville, Todmorden est devenue autosuffisante en légumes grâce à cela, et soixante-dix autres villes anglaises ont suivi l'exemple[1]. »

L'hyper mobilité n'est pas écologiquement soutenable

Un des objectifs de la relocalisation tient dans la diminution des transports et déplacements. Il nous invite à reconsidérer nos besoins de mobilité et l'usage systématique de la voiture. Ivan Illich, dans *Énergie et équité*, a démontré que si l'on additionne le temps passé au travail pour payer son auto et les frais qui y sont liés, que l'on divise ensuite ce chiffre par le nombre de kilomètres parcourus, on obtient une vitesse moyenne inférieure à celle du vélo. Il conclut que la vitesse généralisée d'une voiture pour un américain atteint à peine les six kilomètres par heure[2]. Pour les campagnes, il faudra inventer des moyens de déplacement peu énergivore, autres que la voiture que nous connaissons. Les tricycles carrossés à pédale et assistance électrique avec panneaux solaires sont une solution intéressante pour les indispensables déplacements individuels. Espérons que des chocs écologiques trop violents ne nous contraignent pas à revenir brutalement aux chevaux et bœufs comme moyen de transport et de traction, comme cela existe encore dans les PED.

1. http://www.actudupouvoir.fr/todmorden-la-ville-autonome-en-legumes-qui-continue-de-faire-parler-delle/
2. Ivan Illich, *Énergie et équité*, Seuil, 1975.

Revoir notre mobilité signifie aussi redonner du poids aux réseaux ferrés anciens au lieu du tout TGV. Les lignes à grande vitesse, LGV, ont un impact environnemental et un prix exorbitant par rapport aux trains pendulaires[1]. La SNCF et RFF en France ont tellement investi dans les LGV qu'elles ont une dette – 44 milliards d'euros en 2013 – impossible à rembourser. De plus, favoriser les trains à grande vitesse est synonyme de loi du plus fort, car, comme l'explique Simon Charbonneau, une LGV « est conçue pour relier uniquement les grands centres urbains au détriment des villes petites et moyennes situées sur l'itinéraire[2] ». On assiste d'ailleurs à de fortes oppositions aux projets de construction de LGV, comme celle du Turin-Lyon au prix faramineux de 26 milliards d'euros[3]. De ce fait, l'entretien des lignes régionales n'est plus financé alors qu'elles sont utilisées par un beaucoup plus grand nombre d'habitants aux revenus modestes. Le président de la FNAUT[4] explique qu'« un kilomètre de TGV, c'est 20 millions d'euros, moderniser une ligne, 2 millions[5] ». En résumé, comme le dit Geneviève Azam, la relocalisation peut se présenter comme « une résistance explicite au déracinement globalisé et une réponse démocratique à la crise sociale et écologique[6] ».

Utopie, décroissance, résistance

Travailler moins n'est-il pas le seul chemin pour aller vers le post-extractivisme ? Plus de justice sociale c'est moins de revenus pour ceux qui contribuent au conso-gaspillage et

1. Le train pendulaire permet d'emprunter à grande vitesse les courbes des lignes classiques.
2. http://www.reporterre.net/spip.php?article490
3. http://www.bastamag.net/Lyon-Turin-comment-Hollande-s
4. Fédération Nationale des Associations d'Usagers de Transports.
5. *Le Monde*, 23-24 août 2009.
6. Geneviève Azam, *Le temps du monde fini, vers l'après-capitalisme*, Les Liens qui Libèrent, 2010.

plus pour ceux qui n'arrivent pas à joindre les deux bouts. Notre imaginaire, formaté par le système marchand, nous fait croire que le bonheur est indissociablement lié à l'accumulation de biens. Le mal-être grandissant dans les pays nantis montre pourtant le contraire.

La décroissance, ce mot qui fait peur, doit être comprise comme étant d'abord celle des inégalités sociales et environnementales. La décroissance matérielle implique une nouvelle répartition des richesses fondée sur la croissance non pas du PIB – compétition et profits – mais de l'égalité, de la solidarité et de la coopération. Car aujourd'hui cette fameuse croissance économique, appelée de ses vœux par tous les responsables du Nord, est catastrophique pour la majorité des habitants du monde. Selon l'observatoire des inégalités :

> « Les 1 % les plus fortunés contrôleraient pas moins de 46 % du patrimoine mondial. L'Amérique du Nord et l'Europe en détiennent ensemble 62 %. L'Inde (1,2 milliard d'habitants) en possède 1,4 %. L'Afrique (1 milliard d'habitants) ne dispose que de 1 % de la richesse mondiale[1]. »

Comment en finir avec les objets inutiles, jetables, à durée de vie volontairement limitée que beaucoup défendent au nom de l'emploi, mais qui détruisent notre planète bleue ? Comment en finir avec la suralimentation et la malbouffe, avec le stress lié au travail ayant perdu sens et surtout avec le mal-être et les maladies que ces deux fléaux entraînent ?

Dans « Un projet pour la décroissance[2] », Vincent Liegey et ses comparses proposent une forme très originale de revenu d'existence ou revenu universel, la dotation inconditionnelle d'autonomie, la DIA. À la différence des

1. http://www.inegalites.fr/spip.php?article139
2. Vincent Liegey, Stéphane Madeleine, Christophe Ondet, Anne Isabelle Veillot, *Un projet pour la décroissance*, Éditions Utopia, 2013.

autres, elle n'est pas ancrée dans le consumérisme car en partie démonétisée. Elle est un revenu donné à tous, sous forme d'accès gratuits à des services de base : droits aux premiers kilowattheures d'énergie, aux premiers mètres cubes d'eau et de gaz, aux premiers mètres carrés de terrain ou de logement, aux services sociaux, à l'éducation, à la culture. Un système qui donne une part croissante aux monnaies locales, accélère la relocalisation des productions en donnant accès à l'alimentation et à la culture de proximité, tout en conservant une part de monnaie nationale. La DIA serait couplée à un RMA, revenu maximum acceptable, dans un rapport de un à quatre. En libérant le travail contraint, chacun pourrait se réapproprier du temps pour la culture, le maraîchage, la construction de son logement, les réparations, le recyclage des objets, la coopération et le renforcement des liens avec les autres. Bien sûr, chacun aurait aussi la possibilité de travailler volontairement pour améliorer son revenu de base. Ainsi chaque personne pourrait progresser vers l'autonomie, augmenter sa capacité de résilience aux énergies fossiles, retrouver du sens et de la joie de vivre tout en cessant de détruire notre monde. Pierre Rabhi dit très justement « toute démarche qui construit de l'autonomie est insurrectionnelle[1] ». L'insurrection des consciences, comme l'« Indignez-vous » de Stéphane Hessel et toutes les actions de résistance individuelles et collectives au marché sont indispensables pour casser la course de notre planète « Titanisée » par les « junkies du profit ». Cessons notre tacite reconduction de ce contrat mortifère.

Les informations partagées dans ce livre sont lourdes et peuvent paraître effrayantes. Mais les solutions existent, elles sont nombreuses et loin d'être toutes répertoriées ici. De plus en plus de personnes passent à l'acte petit ou

1. http://www.humanite.fr/pierre-rabhi-toute-demarche-qui-construit-de-lautonomie-est-insurrectionnelle

grand, ont des prises de conscience, chacun-e selon ses possibilités et sa sensibilité.

Alors que la violente dépossession des ressources communes à l'humanité a débuté il y a cinq siècles, aujourd'hui 1 % des humains possède 50 % des richesses pendant que les 50 % d'en bas n'ont quasiment rien : 5 000 euros vous classent dans la moitié des plus riches. Cette rupture avec le donner-recevoir-rendre détruit les liens humains – aussi bien que ceux tissés entre les hommes et la nature – reposant sur l'échange et le partage. Continuer à les remplacer par un monde de compétition, d'accumulation privative et de croissance du PIB entraîne la croissance parallèle de la barbarie. Qu'aujourd'hui un tiers des humains ne puisse manger suffisamment pour avoir une vie active et qu'un autre tiers soit en surpoids ou obèse et souvent malade est une réalité barbare.

Marchandisation du monde, dérégulation financière, libre-échange des biens et des services résultent d'une destruction de la démocratie organisée par les politiques ultralibérales en faveur des détenteurs de capitaux. Le TAFTA ou GMT, grand marché transatlantique, et le TISA ou ACS, accord commercial sur les services, tous les deux en négociations secrètes n'ont qu'un seul but, – en faisant primer les intérêts des multinationales sur le pouvoir des États et de leur peuple – instaurer une « noblature » des actionnaires sur le monde se substituant à la République. « TISA reprend l'une des idées maîtresses de TAFTA : le principe de "coordination", qui empêche d'imposer une régulation qui porterait tort à l'un des signataires. Autant dire, un moins-disant régulatoire généralisé[1]. » Vous ne voulez pas d'OGM ni de pesticides dans votre nourriture et votre eau, vous voulez en finir avec la finance des banksters, eh bien la signature de ces traités aboutira à son contraire. Elle

1. http://abonnes.lemonde.fr/les-decodeurs/article/2014/07/09/tisa-quand-le-liberalisme-revient-par-la-porte-de-derriere_4452691_4355770.html

entraînera la disparition des réglementations sanitaires et financières. Les multinationales pourront renforcer le dumping social et écologique, au détriment des travailleurs et de tous les sujets du « grand royaume marchand. »

Le moyen essentiel permettant d'appliquer ces nouvelles dérégulations aux biens et aux services sera l'obligation imposée aux gouvernements de faire appel aux arbitrages privés pour régler les différends entre un État et une multinationale : l'un protégeant son pays, son peuple et la nature, l'autre ne pensant qu'au profit de ses actionnaires. La justice publique sera alors réservée aux voleurs de bicyclette, les destructions sociales et environnementales relèveront d'une justice privatisée[1]. Les arbitrages du CIRDI[2] sous l'égide de la BM, ou ceux rendus dans les pays de l'Alena, ont donné majoritairement raison aux multinationales sur les États depuis quelques décennies. La compagnie états-unienne Lone Pine, se réclamant de ce traité, demande à l'État du Québec 250 millions de dollars, correspondant au manque à gagner résultant de l'interdiction de la fracturation hydraulique. Ce règlement anti-gaz de schistes n'ayant d'autre but que de protéger les Québécois et la nature des pollutions environnementales provoquées par cette extraction[3].

Face à cette volonté d'unification marchande sous le règne de cette « noblature » actionnariale, Jérôme Baschet explique que la mise en œuvre « d'une autonomie rebelle dans les territoires zapatistes du Chiapas (Mexique) est l'une des plus remarquables "utopies réelles" mises en

---

1. voir l'affaire Tapie en France ou lire sur Bastamag « Comment l'industrie du tabac reprend l'offensive grâce aux traités de libre-échange » http://www.bastamag.net/Comment-l-industrie-du-tabac

2. Centre international de règlement des différends liés à l'investissement auprès de la BM.

3. http://iris-recherche.qc.ca/blogue/gaz-de-schiste-le-chapitre-11-senmele

œuvre actuellement[1] ». La multiplicité des mondes que proposent les communautés zapatistes, en opposition à la planète globalisée, est le résultat d'une résistance et d'un cheminement très organisés vers l'autonomie des peuples. La démocratie réelle mise en œuvre au cours des vingt dernières années dans les montagnes du sud mexicain est une aventure singulière par son caractère post-capitaliste.

Des paysans pauvres mais unis, nous montrent qu'une société post-extractiviste – aussi indispensable pour l'avenir de la jeune génération que pour la survie de l'humanité – est réalisable là où des citoyens entrent en conscience dans une résistance active. Si le spectacle de ce monde malade vous déprime, le passage à la lutte organisée et collective, en donnant à voir un autre futur, fera disparaître le découragement *shooté* dans votre cerveau par le TINA thatchérien. Les interactions sociales apporteraient-elles à certains de nos neurones ces récompenses que d'autres recherchent dans les drogues ? De nouvelles recherches tendraient à le prouver. Mais, comme le dit le nouveau citoyen de San Cristobal de Las Casas, « il est vain de croire qu'on peut construire sans résister et stérile de résister sans construire[2] ».

---

1. Jérôme Baschet, *Adieux au capitalisme, Autonomie, société du bien vivre et multiplicité des mondes*, La découverte, 2014.
2. Interview de Jérôme Baschet, CQFD, avril 2014 : http://cqfd-journal.org/Il-serait-vain-de-croire-qu-on

Abréviations

AFD	agence française de développement
AIE	Agence internationale de l'énergie
ALD	Affection de longue durée
APD	Aide publique au développement
ALENA	Accord de libre-échange nord-américain
ATTAC	Association pour une taxation des transactions financières et l'action citoyenne
BEI	Banque européenne d'investissement
BERD	Banque européenne de reconstruction et de développement
BM	Banque Mondiale
BCE	Banque centrale européenne
CA	Chiffre d'affaires
CAC	Collectif pour un audit citoyen de la dette
CADTM	Comité pour l'annulation de la dette du tiers monde
CETIM	Centre Europe tiers monde
CIA	*Central intelligence agency*
CIRDI	Centre international de règlement des différends auprès de la BM
EVSI	Espérance de vie sans incapacité
EROEI	*Energy returned on energy invested* = énergie restante
FAO	*Food and agriculture organization*: organisation des Nations Unies pour l'agriculture et l'alimentation
FMI	Fond monétaire international
GES	Gaz à effet de serre
GPII	Grand projet inutile imposé
IDH	Indice de développement humain
IFIs	Institutions financières internationales
LGV	Ligne à grande vitesse
MOS	Matière organique des sols
MST	Mouvement des sans terre
OGM	Organisme génétiquement modifié
OMC	Organisation mondiale du commerce
ONG	Organisation non gouvernementale

PAS	Plan d'ajustement structurel
PPP	Partenariat public-privé
PED	Pays en développement
PFJ	Paradis fiscaux et judiciaire
PIB	Produit intérieur brut
RDC	République Démocratique du Congo
RFF	Réseau ferré de France
TINA	*There is no alternative*, il n'y a pas d'alternative
TVA	Taxe sur la valeur ajoutée

Bibliographie

Paul Ariès, *Décroissance et barbarie*, Golias, 2009.

Paul Ariès, *Amoureux du bien vivre*, Golias, 2013.

Geneviève Azam, *Le temps du monde fini*, Les Liens qui Libèrent, 2010.

Jérôme Baschet, *Adieux au capitalisme, Autonomie, société du bien vivre et multiplicité des mondes*, La découverte, 2014.

Jean-Pierre Berlan, préface à la traduction du livre de Franz Broswimmer, *Une brève histoire de l'extinction en masse des espèces*, Agone, 2010.

Jacques Berthelot, *Réguler les prix agricoles*, L'Harmattan, 2013.

Philippe Bihouix, Benoît de Guillebon, *Quel futur pour les métaux ?* EDP Science, 2010.

Philippe Bihouix, *Penser la décroissance*, Les Presses de SciencePo, 2013.

Philippe Bihouix, *L'âge des Low tech*, Seuil, 2014.

Jean-Pierre Boris, *Commerce inéquitable, le roman noir des matières premières*, Hachette, 2005.

Thomas Campbell et Colin Campbell, *Le rapport Campbell*, Ariane, 2008.

Matthieu Calame, *La tourmente alimentaire*, Fondation Charles Léopold Mayer, 2008.

Jacques Caplat, *L'agriculture biologique pour nourrir la planète*, Actes Sud, 2012.

André Cicolella, *Toxique planète*, Seuil, 2014.

Yves Cochet, *Pétrole Apocalypse*, Fayard, 2005.

Wade Davis, *Pour ne pas disparaître : pourquoi nous avons besoin de la sagesse ancestrale*, Albin Michel, 2011.

Alain Deneault, William Sacher et Delphine Abadie, *Noir Canada, corruption et criminalité en Afrique*, Écosociété, 2008.

Marc Dufumier, *Famine au sud, malbouffe au nord*, Nil, 2012.

Renaud Duterme, Éric de Ruest, *La dette cachée de l'économie*, Les Liens qui Libèrent, 2014.

René Girard, *La violence et le sacré*, Hachette, 1972.

GRAIN, *Hold-up sur l'alimentation*, GRAIN-Cetim, 2012.

Serge Halimi, *Les nouveaux chiens de garde,* Raisons d'agir, 2005.
Richard Heinberg, *Pétrole, la fête est finie*, Résistances, 2008.
Rob Hopkins, *Manuel de transition. De la Dépendance au Pétrole à la Résilience Locale*, Écosociété, 2010.
Ivan Illich, *Énergie et équité*, Seuil, 1975.
Christian Jacquiau, *Les coulisses de la grande distribution*, Albin Michel, 2000.
Naomi Klein, *La stratégie du choc, la montée d'un capitalisme du désastre*, Agone, 2008.
Annie Lacroix-Ritz, *Industriels et banquiers français sous l'Occupation*, Armand Colin, 2013.
Paul Lafargue, *La propriété : origine et évolution*, Hachette Livres BNF, 1895.
Vincent Liegey, Stéphane Madeleine, Christophe Ondet, Anne-Isabelle Veillot, *Un projet pour la décroissance*, Éditions Utopia, 2013.
Damien Millet, *Les tsunamis de la dette*, Syllepse, 2005.
Naomi Oreskes, *L'effondrement de la société occidentale*, Les Liens qui Libèrent, 2014.
John Perkins, *Les confessions d'un assassin financier,* Alterre, 2005.
Karl Polanyi, *La grande transformation*, Gallimard, 1983.
W. Rees, M. Wackernagel, *Notre empreinte écologique*, Écosociété, 2009.
Thierry Souccar, *Lait, mensonges et propagande,* Thierry Souccar Éditions, 2008.
Thierry Souccar, *Le mythe de l'ostéoporose,* Thierry Souccar Éditions, 2013.
Bernard Stiegler, *La télécratie contre la démocratie*, Flammarion, 2006.
Éric Toussaint, *La bourse ou la vie, la finance contre les peuples,* Syllepse, 1999.
Éric Toussaint, *Banque mondiale, le coup d'État permanent*, Cadtm-Syllepse, 2006.
Éric Toussaint et Damien Millet, *La dette ou la vie*, Aden-Cadtm, 2012.
Jean Ziegler, *Destruction massive, géopolitique de la faim*, Seuil, 2011.
Howard Zinn, *Une histoire populaire des États-Unis de 1492 à nos jours*, Agone, 2003.

Filmographie

Frank Poulsen, *Du sang dans nos portables*, documentaire Arte, 2011.

Denis Delestrac, *Le sable, enquête sur une disparition* http://www.arte.tv/guide/fr/046598-000/le-sable

Yannick Kergoat et Gilles Balbastre, *Les nouveaux chiens de garde*, distribué par Épicentre film, 2012.

Les éditions UTOPIA

COLLECTION **CONTROVERSES**

Baptiste Mylondo, *Un revenu pour tous, précis d'utopie réaliste*, juin 2010 (épuisé)

Mouvement Utopia, *Sans-papiers ? pour lutter contre les idées reçues*, juin 2010

Mouvement Utopia, *Nucléaire, idées reçues et scénarios de sortie*, novembre 2011

Mouvement Utopia, *Le travail, quelles valeurs ? idées reçues et propositions*, novembre 2012

Mouvement Utopia, *Agriculture et alimentation, idées reçues et propositions*, mai 2014

COLLECTION **RUPTURES**

Thomas Coutrot, David Flacher, Dominique Méda, *Pour en finir avec ce vieux monde, les chemins de la transition*, avril 2011

Nicolas Sersiron, *Dette et extractivisme, la résistible ascension d'un duo destructeur*, octobre 2014

COLLECTION **RÉINVENTER LA POLITIQUE AVEC**

Thierry Ternisien d'Ouville, *Réinventer la politique avec Hannah Arendt*, novembre 2010

COLLECTION **POLITIQUE FICTION** (ROMANS)

Emmanuel Delattre, *Requiem pour l'oligarchie*, avril 2013

COLLECTION THÉMATIQUE **DÉCROISSANCE**

Baptiste Mylondo, *Pour un revenu sans condition*, novembre 2012

Vincent Liegey, Stéphane Madelaine, Christophe Ondet et Anne-Isabelle Veillot, *Un projet de décroissance, manifeste pour une DIA*, janvier 2013

Michel Lepesant, *Politique(s) de la décroissance*, juin 2013

COLLECTION AMÉRIQUE LATINE

Marta Harnecker, *Amérique Latine, laboratoire pour un socialisme du XXIe siècle*, novembre 2010

Rafael Correa, *De la République bananière à la Non-République*, septembre 2013

Alberto Acosta, *Le Buen vivir, pour imaginer d'autres mondes*, mars 2014

HORS COLLECTION

Mouvement Utopia, *Le Manifeste Utopia*, janvier 2012

CHEZ D'AUTRES ÉDITEURS

Mouvement Utopia, *Le Manifeste Utopia*, Parangon, 2008

Mouvement Utopia, *Le Manifeste Européen*, L'Esprit Frappeur, 2009

Les Éditions Utopia
61, bd Mortier 75020 Paris
contact@editions-utopia.org
01 43 57 32 14

Direction artistique/couverture : Fabienne Couderc
Maquette : Palimpseste
Corrections : Myriam Michel, Isabelle Bloch, Erick Montagne et Jean-Jacques Pascal

Achevé d'imprimer sur les presses de l'imprimerie Jouve à Mayenne sur du papier issu de forêts gérées durablement labélisé PEFC.
Imprimeur certifié ISO 14 001

Dépôt légal : octobre 2014
ISBN : 978-2-919160-16-7